Russo para o dia a dia

РУССКИЙ НА КАЖДЫЙ ДЕНЬ

Tradução
Carlos Antonio Lourival de Lima
Egisvanda Isys de Almeida Sandes

martins fontes
selo martins

© 2009 Martins Editora Livraria Ltda., São Paulo, para a presente edição.
© Difusión, Centro de Investigación y Publicaciones de Idiomas, S.L.,
Barcelona, 2007.

Desenho da capa: *Nora Grosse, Enric Jardí*
Fotografia da capa: *Jorge Aragonés*
Ilustrações: *Roger Zanni*
Material auditivo (CD incluso no final do livro)
Vozes: *Katia Coppola, Gilberto Smaniotto*
Gravação: *Estúdio Produssom, São Paulo*
  CYO Studios, Barcelona
Sonoplastia: *Rafael Guedes*

Publisher: *Evandro Mendonça Martins Fontes*
Coordenação editorial: *Vanessa Faleck*
Produção editorial: *Luciane Helena Gomide*
Diagramação: *Triall Composição Editorial Ltda.*
Revisão técnica: *Graziela Schneider*
Revisão: *Denise R. Camargo*
  Dinarte Zorzanelli da Silva

Dados Internacionais de Catalogação na Publicação (CIP)
(Câmara Brasileira do Livro, SP, Brasil)

Russo para o dia a dia / tradução Carlos Antonio Lourival de Lima, Egisvanda Isys de Almeida Sandes. – São Paulo : Martins, 2009. – (Coleção Pons)

Título original: Ruso de cada día. РУССКИЙ НА КАЖДЫЙ ДЕНЬ
Inclui CD.
ISBN 978-85-61635-38-1

1. Russo – Estudo e ensino I. Série.

09-03116   CDD-491.7

Índices para catálogo sistemático:
1. Russo : Estudo e ensino   491.7

Todos os direitos desta edição no Brasil reservados à
Martins Editora Livraria Ltda.
Av. Dr. Arnaldo, 2076
01255-000 São Paulo SP Brasil
Tel.(11) 3116.0000
info@emartinsfontes.com.br
www.emartinsfontes.com.br

ÍNDICE

Introdução	7
Algumas ideias sobre a língua russa	11
Breve história da língua	11
O alfabeto	11
Vogais	13
Consoantes	13
Situação atual do russo	14
Variedades	14
Registros	15
Costumes	15
Saudar (Faixa 1)	17
Despedir-se (Faixa 2)	19
Informação pessoal	20
Nome (Faixa 3)	20
Origem (Faixa 4)	20
Profissão (Faixa 5)	21
Residência (Faixa 6)	23
Idade (Faixa 7)	23
Apresentações (Faixa 8)	28
Ao telefone (Faixa 9)	31
Controle da comunicação (Faixa 10)	33
Expressões de tempo (Faixa 11)	35
Data (Faixa 12)	37
Hora (Faixa 13)	37
Partes do dia (Faixa 14)	39
Frequência e costumes (Faixa 15)	43
Quantidades / Intensidade (Faixa 16)	45
Posse (Faixa 17)	46
Descrever / Comparar coisas (Faixa 18)	48
Nas compras (Faixa 19)	51
Descrever pessoas (Faixa 20)	56
Lazer (Faixa 21)	60

Sentimentos e sensações (Faixa 22) 63
Meteorologia (Faixa 23) 66
Gostos, interesses e preferências (Faixa 24) 68
Opinar / Avaliar / Discutir (Faixa 25) 70
Causa / Consequência (Faixa 26) 74
Níveis de certeza (Faixa 27) 75
Pedir desculpas (Faixa 28) 76
Agradecer (Faixa 29) 77
Parabenizar (Faixa 30) 78
Lugares (Faixa 31) 79
Viagens e transportes 86
   Carro (Faixa 32) 86
   Trem (Faixa 33) 87
   Aeroporto (Faixa 34) 88
   Outras situações (Faixa 35) 88
   Hotel (Faixa 36) 89
Bar e restaurante (Faixa 37) 95
Números 100
   Números cardinais 100
   Números ordinais 102
Avisos / Cartazes públicos 103
Gramática 105
   Os substantivos 105
   As preposições 111
   Os pronomes pessoais 112
   Os pronomes possessivos 113
   Os pronomes demonstrativos 115
   Os adjetivos 116
   Os verbos 119
   Os advérbios 122
   Os numerais cardinais 123
   Os numerais ordinais 124

Introdução

O manual Russo para o dia a dia foi pensado para os estudantes que queiram praticar e memorizar, com rapidez e comodidade, expressões e vocabulário mais comuns nas mais diversas situações cotidianas. O objetivo principal é aperfeiçoar o conhecimento de quem o utilize (seja na pronúncia, no uso do vocabulário, seja também na parte gramatical) por meio do método da autoaprendizagem, permitindo, inclusive, a aquisição de algumas habilidades comunicativas.

Russo para o dia a dia é constituído de:

- um livro com uma apresentação da língua, seus usos e sua fonética, todas as frases em português com sua respectiva tradução para o russo, um vocabulário para cada situação de comunicação e uma breve gramática.

- um CD com as expressões e as frases gravadas em português e em russo (tanto em arquivos de áudio CDA quanto em MP3), agrupadas em 26 blocos temáticos, de acordo com as situações comuns de uso.

O manual pode ser usado para várias finalidades:

- *Para comparar expressões.* Escute o CD com atenção: você verá que, após a frase ou a expressão em português, há uma pausa para que você possa se lembrar de como se diria em russo. Imediatamente em seguida, escutará outra equivalente que se costuma usar na mesma situação.

- *Para melhorar a pronúncia.* Basta repetir as gravações em russo. Para isso, aperte os botões de pausa ou retrocesso de seu aparelho.

- *Para memorizar.* Muitos estudantes de idiomas aprendem com mais facilidade ouvindo o que leem. Trata-se de uma boa maneira de aprender.

- *Para se autoavaliar.* Basta cobrir com uma folha a parte das expressões em russo e tentar traduzir aquelas em português, e vice-versa.

À medida que faz isso, comprove se a resposta está correta ou não. No entanto, há outras maneiras de se aprender. Se tiver oportunidade de praticar com um nativo, esqueça a timidez: aprende-se línguas lendo e... falando.

Boa sorte!

Предисловие

Учебник Russo para o dia a dia предназначен для начинающих изучать русский язык. Его основной принцип быстро и без труда научить употреблению самых обычных слов и выражений в разных ситуациях повседневной жизни. Основная цель этого учебника – самостоятельное улучшение произношения, знаний лексики и даже грамматики, а также приобретение учащимся основных коммуникативных навыков.

Учебник Russo para o dia a dia включает:

- книгу, содержащую краткие сведения о языке, правила фонетики, все предложения на испанском языке и его перевод, произношение слов и предложений на русском, разговорник и краткий грамматический справочник.

- CD с записью фраз на испанском и русском (в аудио-формате CDA и MP3), фразы разбиты на 26 тематических групп - в зависимости от ситуации, в которой они употребляются.

Учебник может использоваться с разными целями:

- *Для сравнения выражений*. Слушайте внимательно CD. После каждого предложения на испанском языке, дается пауза для того, чтобы вспомнить её значение по-русски. Сразу после этого, вы услышите фразу на русском языке, употребляющуюся в подобной ситуации.

- *Для улучшения произношения*. Для этого, достаточно просто повторить фразу на русском языке.

- *Для запоминания*. Многие учащиеся лучше запоминают слова, когда слышат, как они произносятся.

- *Для самоконтроля.* Можете закрыть бумагой часть выражений на русском и стараться их перевести на испанский язык, одновременно проверяя, правильность ответов.

Конечно, есть многоспособов учиться. Если у Вас появилось возможность, поговорить с носителем языка, старайтесь повторять выученные предложения как можно более чётко. Не стесняйтесь, язык учат с помощью книг и... разговорной практики.

Удачи!

Algumas ideias sobre a língua russa

Breve história da língua

O russo faz parte do grupo das línguas eslavas que pertencem à família das línguas indo-europeias. Divide-se em outros três, de acordo com sua situação geográfica: um primeiro grupo chamado línguas eslavas ocidentais, do qual fazem parte o tcheco, o eslovaco e o polaco. Um segundo grupo chamado línguas meridionais, que englobam o esloveno, o croata, o sérvio, o macedônio e o búlgaro, e ainda um terceiro grupo chamado de línguas eslavas orientais, do qual fazem parte o russo, o bielo-russo e o ucraniano.

Embora todas essas línguas tenham uma origem comum, na língua escrita são usados dois alfabetos diferentes, o latino e o cirílico, dependendo da religião que predomina no país, católica ou ortodoxa. Assim sendo, em russo, ucraniano, bielo-russo, búlgaro, sérvio e macedônico, é usado o alfabeto cirílico, com alguns sinais característicos de cada uma das línguas; por outro lado, em tcheco, eslovaco, polaco e croata é usado o alfabeto latino, também com alguns sinais particulares.

O alfabeto

O alfabeto russo sofreu muitas mudanças no decorrer da história; a última e mais importante foi em 1917. Inicialmente, o alfabeto russo era composto de 43 letras.

O alfabeto russo atual é composto de 33 letras: 10 vogais (**а, о, э, у, ы, и, е, ё, ю, я**), 21 consoantes (**б, в, г, д, ж, з, й, к, л, м, н, п, р, с, т, ф, х, ц, ч, ш, щ**) e dois sinais que não têm som (**ь, ъ**).

А	а	a
Б	б	b ou p
В	в	v (como na palavra *vida*) ou f
Г	г	g (como na palavra *gato*) ou k
Д	д, д	d ou t
Е	е	e, ie (ditongo)
Ё	ё	io (ditongo)
Ж	ж	j (como na palavra *jockey* do inglês)
З	з	z (como na palavra *zebra*) ou s
И	и	i
Й	й	i (corresponde a uma semivogal *i* como na palavra praia)
К	к	k (como na palavra *cama*)
Л	л	l
М	м	m
Н	н	n
О	о	o (fechado como na palavra *ouro*)
П	п	p
Р	р	r (como na palavra *cara*)
С	с	s, ss (intervocálico)
Т	т	t
У	у	u
Ф	ф	f
Х	х	kh (corresponde ao *h* aspirado, como na palavra *house*)
Ц	ц	ts (semelhante ao som de *ts*)
Ч	ч	tch (corresponde ao som de *tch*)
Ш	ш	ch (como na palavra *chá*)
Щ	щ	chsch (igual à anterior, porém mais suave e mais prolongada)
	Ъ	sinal denominado sinal duro
	Ы	i duro (nunca aparece em início de palavra)
	Ь	sinal denominado sinal brando
Э	э	e (fechado)
Ю	ю	iu (ditongo)
Я	я	ia (ditongo)

Vogais

Em russo, as vogais **я**, **е** e **о**, em posição átona, sofrem redução vocálica, o que significa que a vogal **о** é pronunciada como um **a** de acordo com a posição que ocupa com relação à tônica, ou também como a vogal neutra do inglês em *tender*. A vogal **я** e a vogal **е**, nessa posição, são pronunciadas mais ou menos da mesma forma que a vogal *i*.

Consoantes

O sistema consonantal do russo é caracterizado pela palatalização e não palatalização da maioria dos sons. A palatalização ocorre quando se produz um som com a língua em contato com o palato (céu da boca), por exemplo, como ocorre quando se pronuncia o *nh* em *manhã*.

Esse fato se dá com as consoantes: **б, в, г, д, з, к, л, м, н, п, р, с, т** e **ф**. Quando são brandas, sempre vêm seguidas das vogais **е, ё, и, ю, я** ou do sinal brando **ь**, normalmente no final das palavras. As consoantes **х, ц, ш** e **ж** sempre são duras, e **ч** e **щ** sempre são brandas.

Outra característica do sistema consonantal do russo é o ensurdecimento das consoantes sonoras no final de palavras ou antes de consoante surda. Dessa forma, **б** soa [p] em **хлеб**, **в** soa [f] em **Петров**, **г** soa [k] em **луг**, **д** soa [t] em **сад**, **ж** soa [ch] em **муж** e **з** soa [s] em **без**.

As consoantes oclusivas **б, п, д, г, т** e **к** são pronunciadas com uma forte explosão inicial.

Em russo não há sinais gráficos para indicar a tônica, que pode estar em qualquer sílaba.

Situação atual do russo

Durante o período soviético, o russo foi considerado uma língua de prestígio e era empregado nas relações entre os estados que formavam a URSS e seus países satélites. Com a queda da União Soviética, em 1991, sua situação mudou muito, pois a importância da língua e o número de falantes diminuíram, embora ainda haja uma população considerável em todo o território da antiga União Soviética cuja língua materna é o russo.

Nas repúblicas bálticas, assim como na Ucrânia e no Cáucaso, o russo está cada vez mais discriminado devido ao despertar de sentimentos patrióticos nesses lugares. Apesar disso, e embora os jovens conheçam e falem cada vez menos a língua, é possível se comunicar em russo nas ruas, nas lojas e em lugares públicos.

Por outro lado, em algumas ex-repúblicas, como Bielo-Rússia, Cazaquistão e Quirguistão, mantém-se a co-oficialidade. Em países como Alemanha, Canadá, Estados Unidos e Israel, em que há muitos imigrantes russos, a língua russa tem adquirido cada vez mais importância; existem escolas em que o russo é ensinado como segunda língua; centros de ensino do russo estão sendo criados; e surgiram alguns canais de televisão e de rádio.

Quanto à Federação Russa, o russo é a única língua oficial, apesar das muitas nacionalidades que dela fazem parte.

Variedades

É inevitável que um país com uma extensão territorial tão grande como a Federação Russa possua uma enorme variedade geográfica e linguística. Ainda assim, durante o período soviético, principalmente nos anos 1930, a chegada da "coletivização" ao mundo rural, e com ela a alfabetização de todas as camadas sociais, provocou uma ruptura com os modos de vida dos povos, perdendo-se as formas tradicionais de trabalho e, em geral, os costumes da vida rural; o mesmo processo ocorreu com a língua. Entre os camponeses, cresceu um sentimento de rejeição a tudo que tivesse relação com a vida no campo e, consequentemente, aos dialetos. Assim, ao contrário do que aconteceu na Alemanha ou na Suíça, em que os dialetos são uma marca territorial e considerados indicadores de riqueza da língua, na Rússia têm uma conotação negativa, já que são considerados próprios das camadas mais baixas da cidade e dos camponeses.

Um processo semelhante aconteceu com os sotaques, ao contrário do espanhol ou do inglês, por exemplo, que possuem uma grande quantidade de sotaques diferentes; em russo, embora existam, não são tão numerosos e aparecem em zonas mais distantes uma da outra.

Registros

Em russo, a diferença entre os registros formal e informal é muito importante. Em princípio, se não conhecemos a pessoa à qual nos dirigimos (por exemplo, na rua), a não ser que seja mais jovem que nós, a trataremos de senhor/senhora, ou seja, usando a segunda pessoa do plural em russo. Mesmo que conheçamos a pessoa, se se tratar do chefe, de um professor ou de um colega de trabalho, com quem não temos muita intimidade, também usaremos o registro formal.

Costumes

Embora a religião na Rússia tenha sido proibida durante quase um século, as tradições e, em geral, a cultura popular não foram perdidas e hoje em dia ainda são muito importantes na vida dos russos. Um dos aspectos da cultura popular que é muito relevante para a vida cotidiana e que costuma surpreender os estrangeiros são as superstições.

Em geral, os russos são muito supersticiosos e têm muitos presságios, bons e maus. Normalmente são aprendidos na convivência com eles, mas existem alguns que convém saber de antemão. Na Rússia, ninguém assobia em um lugar fechado, seja em casa ou no transporte público, por exemplo. Dizem que se alguém fizer isso, as pessoas presentes sofrerão graves consequências econômicas. Se alguém faz isso, é comum que lhe chamem a atenção ou que simplesmente se afastem da pessoa.

Além disso, na Rússia, são muito observadas as formas de etiqueta, principalmente entre homens e mulheres. Os homens sempre ajudam as mulheres a colocar o casaco ou a descer do ônibus, por exemplo, e é muito comum também que lhes deem flores, especialmente quando as esperam no aeroporto ou na estação. Mas é muito importante saber que, quando alguém dá flores, o número delas deve ser ímpar, já que os números pares são para os mortos.

Nota sobre a transcrição dos enunciados em russo

Para facilitar a pronúncia das palavras e expressões em russo, incluímos uma pronúncia aproximada de acordo com o alfabeto da língua portuguesa. No entanto, há sons em russo que não existem em português; nesses casos, usamos as grafias que habitualmente são usadas na transcrição do russo: *ch* para ш e *j* para ж, por exemplo. Para ajudar a identificar esses sons, aparecem os sons equivalentes em inglês ou francês.

Saudar / Здороваться

Bom dia.	Доброе утро. (*pela manhã*) Dóbraie útra. Добрый день. (*ao meio-dia*) Dóbridién.
Boa tarde.	Добрый вечер. Dóbri viétcher.
Boa noite.	Спокойной ночи. Spakóinai nótchi.
Oi.	Здравствуйте! (*formal*) Zdrásvuitie Здравствуй! (*informal*) Zdrástvui! Привет! Priviét!
Como vai?	Как у вас дела? Kak u vas dilá?
Vou bem, obrigado/a. E você?	Спасибо, хорошо. А у тебя? Spassíba, kharachó. A u tibiá?
Muito bem, obrigado/a. E o/a senhor/a?	Спасибо, хорошо. А у вас? Spassíba, kharachó. A u vas?
Bem, obrigado/a. E o/a senhor/a?	Спасибо, нормально. А у вас? Spassíba, narmálna. A u vas?
Saudações à sua mulher.	Передай привет жене. Piridái priviét jenié.

Saudações ao senhor Petróv.   Передайте привет господину Петрову.
　　　　　　　　　　　　　　　Piridáitie priviét gaspadínu Petróvu.

Vocabulário: Saudar

Senhor (sr.)　　　　　　　**Senhora (sra.)**
　Господин　　　　　　　　　　Дама
　Gaspadín　　　　　　　　　　Dáma

Despedir-se

Прощани

Tchau.
    До свидания.
        Da svidánia.

Até logo.
    До свидания. (*formal*)
        Da svidánia.
    Пока. (*informal*)
        Paká.

Até amanhã.
    До завтра.
        Da záftra.

Até terça.
    До вторника.
        Da ftórnika.

Até breve.
    До встречи.
        Da fstriétchi.

Boa viagem.
    Счастливого пути.
        Chislívava putí.

Boa noite e bom descanso.
    Спокойной ночи.
        Spakóinai nótchi.

Informação pessoal | Личные свидения

Nome | Имя (Ímia)

Qual é seu nome? | Как тебя зовут?
Kak tibiá zavút?

Sou Paulo. E o seu? | Меня зовут Паулу, а тебя?
Miniá zavút Paulo, a tibiá?

Como o senhor/a senhora se chama? | Как вас зовут?
Kak vas zavút?

Seu nome, por favor? | Ваше имя, пожалуйста?
Váche ímia, pajálsta?

É o senhor Petróv? | Вы господин Петров?
Vi gaspadín Petróf?

Não, eu me chamo Pávlov. | Нет, меня зовут Павлов.
Niet, miniá zavút Pávlaf.

O senhor Petróv sou eu. | Господин Петров - это я.
Gaspadín Petróf, éta ia.

Origem | Национальность

Eu sou brasileiro. | Я Бразилец
Iá brazílets.

Eu sou de Brasília. | Я из Бразилия
Iá is Brazília.

Eu sou de Brasília, mas moro em São Paulo.

Я из Бразилия, но живу в Сан-Паулу.
Iá is Brazília, no jivú v San-Paulo.

De onde você é?

Откуда ты?
Atkúda ti?

De onde o senhor é?

Откуда вы?
Atkúda vi?

Você é russo, não é?

Вы русский, правда?
Vi rúski, právda?

Você é daqui?

Вы здешний?
Vi sdiéchni?

Eu sou estrangeiro.

Я иностранец.
Iá inastrániets.

De que parte da Rússia você é?

Откуда вы из России?
Atkúda vi is Rassíi?

Profissão

O que você faz?

Кто вы?
Kto vi?

Você estuda ou trabalha?

Работаешь или учишься?
Rabótaiech íli útchihssia?

O que você estuda?

Что ты изучаешь?
Chto ti izutcháiech?

Onde você trabalha?

Где ты работаешь?
Gdié ti rabótaiech?

INFORMAÇÃO PESSOAL / 21

Eu estou fazendo a universidade.	Я учусь в университете. Iá utchús v universsitiétie.
Estudo História.	Я учусь на историческом факультете. Iá utchús na istarítcheskam fakultiétie.
Sou médico.	Я врач. Iá vrátch.
Trabalho por conta própria.	Я работаю не в штате. Iá rabótaiu ni f chtátie.
Trabalho em um banco.	Я работаю в банке. Iá rabótaiu v bánkie.
Trabalho em uma loja.	Я работаю в магазине. Iá rabótaiu v magazínie.
Trabalho em uma fábrica.	Я работаю на заводе. Iá rabótaiu na zavódie.
Eu estou desempregado.	Я безработный. Iá biesrabótni.
Eu estou aposentado.	Я пенсионер. Iá pinssianiér.

Residência

Onde o/a senhor/a mora?

Qual é o seu endereço?

Qual é o seu número de telefone?

Em que rua você mora?

Moro na rua Mira, n. 12.

Адрес

Где вы живёте?
Gdié vi jiviótie?

Какой ваш адрес?
Kakói vach ádries?

Какой ваш номер телефона?
Kakói vach nómier tilifóna?

На какой улице вы живёте?
Na kakói úlitse vi jiviótie?

Я живу на улице Мира, в доме номер 12.
Iá jivú na úlitse Míra v dómie nómier 12.

Idade

Quantos anos o/a senhor/a tem?

Tenho 45 anos.

Возраст

Сколько вам лет?
Skólka vam liét?

Мне 45 лет.
Mnié 45 liét.

Vocabulário: Informação pessoal

chamar-se
звать
zvát

data de nascimento
дата рождения
dáta rajdiénia

endereço
адрес
ádries

estado civil: solteiro, casado, divorciado
семейное положение: холост, женат / замужем, разведён / разведена
simieináie palajénie: khólast, jenát (*masc.*) / zámujem (*fem.*), rasvidión (*masc.*) / rasvidiná (*fem.*)

estrangeiro/a
иностранец, иностранка
inastrániets, inastránka

estudar
учиться (где?), изучать (что?)
utchítsa (gdié), izutchát (chto?)

idade
возраст
vósrast

morar
жить
jit

nacionalidade
национальность
natsianálnast

n. de passaporte ou RG
номер паспорта или удостоверения личности
nómier pásparta íli udastaviriénia lítchnasti

número de telefone
номер телефона
nómier tilifóna

profissão
профессия
prafiéssia

residência
жилище
jílichsche

ser
быть
bit

sobrenome
фамилия
família

trabalhar
работать
rabótat

Nacionalidade

alemão/alemã
немец / немка
niémets / niémka

austríaco/a
 австриец / австрийка
 afstríets / afstríika

brasileiro/a
 бразилец
 brazílets

francês/francesa
 француз / француженка
 frantsús / frantsújenka

italiano/a
 итальянец / итальянка
 italiániets / italiánka

norte-americano/a
 американец / американка
 amerikániets / amerikánka

Profissão

açougueiro
 продавец / продавщица мяса
 pradaviéts / pradafchschítsa miássa

aposentado/a
 пенсионер / пенсионерк
 pinsianiér / pinsianiérka

arquiteto/a
 архитектор
 arkhitiéktar

artista
 артист
 artíst

ator
 актёр
 aktiór

atriz
 актриса
 aktríssa

biólogo/a
 биолог
 biólak

cabeleireiro/a
 парикмахер
 parikmákhier

carpinteiro/a
 плотник
 plótnik

carteiro
 почтальон
 patchtalión

comissário de bordo
 стюардесса
 stiuardiéssa

consultor/a financeiro/a
 финансовый помощник
 finánssavi pamóchschnik

contador/a
  бухгалтер
  bukháltier

cozinheiro/a
  повар / кухарка
  póvar / kukhárka

desempregado/a
  безработный /
  безработная
  biesrabótni / biesrabótnaia

dona de casa
  домохозяйка
  damakhaziáika

economista
  экономист
  ekanamíst

eletricista
  электрик
  eliéktrik

empregado/a, funcionário/a
  служащий / служащая
  slújachschi / slújachschaia

encanador
  водопроводчик
  vadapravótchik

enfermeiro/a
  медбрат / медсестра
  mitbrát / mitssistrá

escritor/a
  писатель / писательница
  pissátiel / pissátielnitsa

estagiário/a
  практикант
  praktikánt

estudante
  студент
  studiént

farmacêutico/a
  фармацевт
  farmatsiéft

filólogo/a
  филолог
  filólak

garçom/garçonete
  официант / официантка
  afitsiánt / afitsiántka

guia turístico
  гид
  guít

joalheiro/a
  ювелир
  iuvilír

mecânico
  механик
  mikhánik

médico/a
  врач
  vrátch

operário/a
  рабочий / рабочая
  rabótchi / rabótchaia

padeiro/a
  пекарь
  piékar

pedreiro
  каменщик
  kámienchschik

pescador/a
  рыбак
  ribák

piloto
  лётчик
  liótchik

pintor/a
  художник
  khudójnik

policial
  милиционер
  militsianiér

professor/a
  учитель / учительница
  utchítiel / utchítielnitsa

professor/a universitário/a
  преподователь /
  преподовательница
  pripadavátiel /
  pripadavátielnitsa

psicólogo/a
  психолог
  psikhólak

sapateiro
  сапожник
  sapójnik

taxista
  таксист
  taksíst

técnico/a
  техник
  tiékhnik

vendedor/a
  продавец / продавщица
  pradaviéts / pradafchschítsa

veterinário/a
  ветеринар
  vitirinár

Apresentações

Знакомство

Este é o Mikhail, um colega de trabalho.	Это Михаил, мой коллега из офиса. Éta Mikhaíl, mói kaliéga is ófissa.
Esta é a Maria, minha irmã.	Это Мария, моя сестра. Éta María, maiá sistrá.
Apresento-lhe o senhor Pávlov.	Познакомьтесь, это господин Павлов. Pasnakómties, éta gaspadín Pávlaf.
Olá, como vai?	Здравствуйте, как у вас дела? Zdrástvuitie, kak u vas dilá?
Muito prazer.	Очень приятно. Ótchien priátna.

Vocabulário: Apresentações

amigo/a
друг / подруга
druk / padrúga

avó
бабушка
bábuchka

avô
дедушка
diéduchka

avós
бабушка и дедушка
bábuchka i diéduchka

colaborador/a
сотрудник
satrútnik

colega de trabalho
коллега
kaliéga

cunhada
золовка, невестка
zalófka, niviéstka (irmã do marido)

cunhado
шурин, зять
chúrin, ziát (irmão da esposa)

filha
дочь
dótch

filho
сын
sin

filhos
дети
diéti

irmã
сестра
sistrá

irmão
брат
brat

mãe
мать
mat

marido
муж
muj

mulher
жена
jená

noiva
невеста
niviésta

noivo
    жених
    jeníkh

pai
    отец
    atiéts

pais
    родители
    radítieli

parente
    родственник
    ródstvienik

prima
    двоюродная сестра
    dvaiúradnaia sistrá

primo
    двоюродный брат
    dvaiúradni brat

sogra
    тёща, свекровь
    tióchscha, svikróf (mãe da esposa)

sogro
    тесть, свёкор
    tiést, sviókar (pai da esposa)

tia
    тётя
    tiótia

tio
    дядя
    diádia

vizinho/a
    сосед / соседка
    sassiét / sassiétka

Ao telefone   По телефону

Alô.	Алло?
	Alió?
Gostaria de falar com o senhor Pávlov, por favor?	Можно господина Павлова? (*masc.*)
	Mójna gaspadína Pávlava?
A Eva está?	Можно Еву? (*fem.*)
	Mójna Iévu?
Quem deseja?	Кто его спрашивает? (*masc.*)
	Kto ievó spráchivaiet?
	Кто её спрашивает? (*fem.*)
	Kto ieió spráchivaiet?
Eu sou Luis.	Это Луис
	Éta Luis.
É o senhor Gonçalves.	Господин Гонсалвес.
	Gaspadín Gonçalves.
Um instante, por favor.	Минуту, пожалуйста.
	Minútu, pajálsta.
Não está, acaba de sair.	Его нет, он вышел. (*masc.*)
	Ievó niét, on víchel.
	Её нет, она вышла. (*fem.*)
	Ieió niét, aná víchla.
Deseja deixar algum recado?	Что ему передать? (*masc.*)
	Chto iemú piridát?
	Что ей передать? (*fem.*)
	Chto iéi piridát?
Acho que é um engano. Para qual número você discou?	По-моему, вы ошиблись номером.
	Pamóiemu, vi achíblis nómieram.
Este número não é o 566 77 32?	Это не номер 566 77 32?
	Éta ni nómier 566 77 32?

Qual é o prefixo de São Petersburgo?
Какой код Петербурга?
Kakói kot Pitirbúrga?

Gostaria de saber o número de telefone da Aeroflot.
Дайте, пожалуйста, телефон Аэрофлота.
Dáitie pajálsta, tilifón Aeraflóta.

Vocabulário: Ao telefone

atender
  взять трубку
  vziát trúpku

cair a ligação
  прерваться
  prirvátsa

consertos gerais
  ремонтная служба
  rimóntnaia slújba

desligar
  повесить трубку
  paviéssit trúpku

discar
  набирать / набрать номер
  nabirát / nabrát nómier

faltar papel
  нет бумаги
  niét bumágui

ligação internacional
  международный звонок
  mejdunaródni zvanók

ligação nacional
  национальный звонок
  natsianálni zvanók

lista telefônica
  телефонный справочник
  tilifóni správatchnik

mandar / enviar
  посылать / послать
  passilát / paslát

mensagem
  сообщение
  saabchschénie

orelhão
  телефонная будка
  tilifónaia bútka

páginas amarelas
  жёлтые страницы
  jóltie stranítsi

prefixo
  код
  kot

ramal
  добавочный номер
  dabávatchni nómier

secretária eletrônica
  автоответчик
  aftaatviétchik

Controle da comunicação

Полезные реплики

O que disse?	Что вы сказали? *Chto vi skazáli?*
Desculpe, não entendi.	Извините, я вас не понимаю. *Isvinítie, iá vas ni panimáiu.*
Pode repetir, por favor?	Повторите, пожалуйста. *Paftarítie, pajalsta.*
Pode falar um pouco mais devagar, por favor?	Говорите медленнее, пожалуйста. *Gavarítie midliniéie, pajálsta.*
Desculpe, não o escuto bem.	Извините, я вас плохо слышу. *Isvinítie, iá vas plókha slíchu.*
Pode falar um pouco mais alto, por favor?	Говорите громче, пожалуйста. *Gavarítie grómtche, pajálsta.*
Você fala português?	Вы говорите по-португальски? *Vi gavarítie pa-portugálski?*
Não falo russo muito bem.	Я не очень хорошо говорю по-русски. *Iá ni ótchien khorochó gavariú parúski.*

Vocabulário: Controle da comunicação

entender
    понимать, понять
    panimát, paniát

escrever
    писать, написать
    pissát, napissát

falar
    говорить
    gavarít

ler
    читать, прочитать
    tchitát, pratchitát

língua
    язык
    izík

ouvir
    слышать
    slíchat

pronunciar
    произносить, произнести
    praisnassít, praisniestí

repetir
    повторять, повторить
    paftariát, paftarít

saber
    знать
    snat

traduzir
    переводить, перевести
    pirivadít, pirivistí

Idiomas

alemão
    немецкий
    nimiétski

francês
    французский
    frantsúski

inglês
    английский
    anglíiski

italiano
    итальянский
    italiánski

português
    по-португальски
    pa-portugálski

Expressões de tempo   Время

ontem	вчера ftcherá
anteontem	позавчера pazaftcherá
hoje	сегодня sivódnia
amanhã	завтра záftra
depois de amanhã	послезавтра pasliezáftsa
a semana que vem	на следующей неделе na sliéduiuchschei nidiélie
no mês que vem	в следующем месяце f sliéduiuchschem miéssiatse
dentro de duas semanas	через две недели tchéres dvié nidiéli
há cinco dias	пять дней назад piát dniéi nazát
agora mesmo	несколько минут назад niéskalka minút nazát
semana passada	на прошлой неделе na próchlai nidiélie
no mês passado	в прошлом месяце f próchlam miéssiatse

depois do verão	после лета póslie liéta
antes de terça-feira	до вторника da ftórnika
no início do mês	в начале месяца v natchálie miéssiatsa
a meados do mês	в середине месяце f siridínie miéssiatsa
no fim do mês	в конце месяца v kantsé miéssiatsa
todas as segundas-feiras	каждый понедельник kájdi panidiélnik
nos fins de semana	в выходные дни v vikhadníe dní
em agosto	в августе v áfgustie
no Natal	на Рождество na Rajdiestvó
no outono	осенью óssieniu
nas férias	на каникулы na kaníkuli
em 1992	в 1992 году f 1992 gadú
tarde	поздно pósna
logo / cedo	рано rána

 ### Data

Que dia é hoje?

Em que dia estamos?

Estamos em 15 de janeiro.

Hoje é sexta-feira.

Hoje é dia 25 de dezembro.

12 de outubro de 1492.

Число

Какой сегодня день недели?
 Kakói sivódnia dién nidiéli?

Какое сегодня число?
 Kakóe sivódnia tchisló?

Сегодня 15 января.
 Sivódnia 15 ianvariá.

Сегодня пятница.
 Sivódnia piátnitsa.

Сегодня 25 декабря.
 Sivódnia 25 dikabriá.

12 октября 1492.
 12 aktibriá 1492..

 ### Hora

Que horas são?

Desculpe, você tem horas?

É uma hora em ponto.

São quatro e dez.

São quatro e quinze.

Час

Сколько сейчас времени?
 Skólko sitchás vriémeni?

Извините, сколько сейчас времени?
 Isvinítie, skólka sitchás vriémeni?

Ровно час.
 Róvna tchas.

Десять минут пятого.
 Diéssiat minut piátava.

Четверть пятого.
 Tchétvert piátava.

São quatro e meia.

Faltam quinze para as seis.

A que horas você começa a trabalhar?

A que horas sai?

Às oito.

Mais ou menos às oito.

Половина пятого.
    Palavína piátava.

Без четверти шесть.
    Biés tchétvierti chést.

Во сколько ты начинаешь работать?
    Va skólka ti natchináiech rabótat?

Во сколько ты заканчиваешь?
    Va skólka ti zakántchivaiech?

В восемь.
    V vóssim.

К восьми.
    K vasmí.

Izvinítie, skólka sitchás vriémeni?

Partes do dia

pela manhã
    утром
        útram

durante o dia
    днём
        dnióm

à tarde
    вечером
        viétcheram

à noite
    ночью
        nótchiu

ao anoitecer
    в сумерки
        f súmierki

ao amanhecer
    на рассвете
        na rasviétie

às seis da tarde
    в шесть часов вечера
        f chést tchissóv viétchera

às seis da manhã
    шесть часов утра
        chést tchissóv utrá

Vocabulário: Expressões de tempo

A semana

segunda-feira
понедельник
panidiélnik

terça-feira
вторник
ftórnik

quarta-feira
среда
sridá

quinta-feira
четверг
tchitviérk

sexta-feira
пятница
piátnitsa

sábado
суббота
subóta

domingo
воскресенье
vaskrissiénie

fim de semana
уик-энд
uikend

Os meses

janeiro
январь
ianvár

fevereiro
февраль
fivrál

março
март
márt

abril
апрель
apriél

maio
май
mái

junho
июнь
iún

julho
июль
iúl

agosto
август
áfgust

setembro
  сентябрь
  sintiábr

outubro
  октябрь
  aktiábr

novembro
  ноябрь
  naiábr

dezembro
  декабрь
  dikábr

As estações

primavera
  весна
  visná

verão
  лето
  liéta

outono
  осень
  óssien

inverno
  зима
  zimá

O dia

manhã
  утро
  útra

meio-dia
  полдень
  paldién

tarde
  вечер
  viétcher

noite
  ночь
  notch

Frações de tempo

ano
  год
  got

dia
  день
  dién

estação
  время года
  vriémia góda

hora
  час
  tchas

mês
    месяц
    miéssiats

minuto
    минута
    minúta

segundo
    секунда
    sikúnda

semana
    неделя
    nidiélia

trimestre
    триместр
    trimiéstr

trimestral
    трёхмесячный
    triokhmiéssiatchni

férias
    каникулы (*para os estudantes*)
    kaníkuli
    отпуск (*para os trabalhadores*)
    ótpusk

Frequência e costumes

Привычки и обычаи

Todos os dias me levanto às sete.
Каждый день встаю в семь.
Kajdi dién fstaiú f siém.

Vou à academia dia sim, dia não.
Я хожу в спортзал через день.
Iá khajú f sportzál tchiéres dién.

O que você faz nos fins de semana?
Что ты делаешь по выходным дням?
Chtó ti diélaiech pa vikhadním dniám?

Trabalho 40 horas por semana.
Я работаю 40 часов в неделю.
Iá rabótaiu 40 tchissóv v nidiéliu.

duas vezes por semana
два раза в неделю
dva ráza v nidiéliu

uma vez por mês
раз в месяц
ras v miéssiats

três vezes por ano
три раза в год
tri ráza v got

sempre
всегда
vssikdá

frequentemente
часто
tchásta

às vezes
иногда
inakdá

quase nunca
почти никогда
patchtí nikakdá

nunca
никогда
nikakdá

Vocabulário: Frequência e costumes

almoço
обед
abiét

café da manhã
завтрак
záftrak

começar a trabalhar
начинать, начать работать
natchinát, natchát rabótat

deitar
ложиться, лечь спат
lajítsa, liétch spát

janta
ужин
újin

lanche
полдник
palník

levantar-se
вставать, встать
fstavát, fstát

sair de casa
выходить, выйти из дома
vikhadít, viití is dóma

sair do trabalho
выходить, выйти с работы
vikhadít, viití s rabóti

voltar pra casa
возвращаться, вернуться домой
vasvrachschátsa, virnútsa damói

Quantidades / Intensidade

Количества / Интенсивность

Ele come muito.
    Много ест.
      Mnóga iést.

Ele trabalha muito pouco.
    Мало работает.
      Mála rabótaiet.

Ele não tem feito nada.
    Ничего не делал.
      Nitchevó ni diélal.

muitos turistas
    много туристов
      mnóga turístaf

alguns estrangeiros
    некоторые иностранные
      niékatorie inastránie

poucos ingleses
    немного англичан
      nimnóga anglitchán

nenhum brasileiro
    никакого Бразильца
      nikakóva brazíltsa

uns dois mil
    примерно две тысячи
      primiérna dvié tíssiatchi

a maioria
    большинство
      balchinstvó

todo mundo
    все
      vssié

ninguém
    никто
      niktó

muitas casas
    много домов
      mnóga damóf

muito vinho
    много вина
      mnóga viná

Posse — Принадлежность

De quem é esta jaqueta?
 Чья это куртка?
  Tchiá éta kúrtka?

Esse carro é seu?
 Это ваша машина?
  Éta vácha machína?

Sim, é meu.
 Да, моя.
  Da, maiá.

Não, não é meu.
 Нет, не моя.
  Niét, ni maiá.

É seu / É teu.
 Это твоя.
  Éta tvaiá.

É dele / É dela.
 Это его. (*dele*)
  Éta ievó.
 Это её. (*dela*)
  Éta ieió.

É nosso / É nossa.
 Это наша.
  Éta nácha.

É deles / É delas.
 Это их.
  Éta ikh.

É daquela senhora.
 Это, той женщины.
  Éta, tói jénchschini.

Vocabulário: Posse

meu
мой
mói

seu / teu
твой
tvói

seu (dele)
его
ievó

sua (dela)
её
ieió

nosso
наш
nách

de vocês
ваш
vách

deles / delas
их
ikh

de ninguém
ничьё
nitchió

Descrever / Comparar coisas — Описание / Сравнение

Um carro branco.
    Белая машина.
    Biélaia machína.

Uma mesa de madeira.
    Деревянный стол.
    Diriviáni stól.

Uns óculos de plástico.
    Пластиковые очки.
    Plástikovie atchkí.

Que diferença há entre este e esse outro?
    Какая разница между этим и тем?
    Kakáia rásnitsa miéjdu étim i tiém?

São iguais. / São idênticas.
    Онп одинаковые.
    Aní adinákavie.

São parecidos.
    Они похожие.
    Aní pakhójie.

São muito diferentes.
    Они очень разные.
    Aní ótchien rásnie.

Este é melhor que o outro.
    Это лучше этого.
    Éta lutchie étava.

Este é maior.
    Этот больше.
    État bólchie.

Este não é tão caro.
    Это не так дорого.
    Éta ni tak dóraga.

Vocabulário: Descrever / Comparar coisas

Cores

amarelo
жёлтый
jólti

azul
синий
síni

branco
белый
biéli

cinza
серый
siéri

cor
цвет
tsviét

marrom
коричневый
karítchnievi

preto
чёрный
tchórni

rosa
розовый
rózavi

verde
зелёный
zilióni

vermelho
красный
krásni

Materiais

ferro
железо
jeliéza

madeira
дерево
diéreva

metal
металл
mitál

ouro
золото
zólata

papel
бумага
bumága

papelão
картон
kartón

plástico
пластик
plástik

prata
серебро
siribró

Comparar

diferente
разный
rásni

igual
одинаковый
adinákavi

maior
больше
bólchie

melhor
лучше
lútchie

menor
меньше
miénchie

parecido / semelhante
похож
pakhój

pior
хуже
khújie

Formas, tamanhos...

barato
дешёвый
dichióvi

caro
дорогой
daragói

duro
твёрдый
tviórdi

estreito
узкий
úski

grande
большой
balchói

grosso
крупный
krúpni

largo
широкий
chiróki

magro / fino
тонкий
tónki

médio
средний
sriédni

pequeno
маленький
málienki

mole
мягкий
miákhki

Nas compras — За покупками

Um quilo de batatas.
Килограмм картошки.
    Kilagrám kartóchki.

Meio quilo de tomates.
Полкило помидоров.
    Palkiló pamidóraf.

100 gramas de presunto.
Сто грамм ветчины.
    Sto gram vitchiní.

Queria um litro de leite e um pacote de café.
Дайте, пожалуйста, бутылку молока и пачку кофе.
    Dáitie, pajálsta, butílku malaká i pátchku kófie.

Quanto custa tudo?
Сколько стоит?
    Skólka stóit?

Queria uma calça *jeans*.
Мне нужны джинсы.
    Mnié nujní djínsi.

Queria uma blusa preta.
Я хочу чёрный свитер.
    Iá khatchú tchiórni svítier.

Posso provar?
Можно примерить?
    Mójna primiérit?

Tem de outra cor?
Есть другого цвета?
    Iést drugóva tsviéta?

Este.
Этот.
    État.

Aquele ali.
Тот.
    Tot.

O da direita.
Тот справа.
    Tot správa.

O grande.
　　Тот большой.
　　　Tot balchói.

O de 60 reais.
　　Тот, который стоит 60 реалов.
　　　Tot, katóri stóit 60 reálaf.

Igual, mas um pouco menor.
　　Такой же, но меньше.
　　　Takói je, no miénchie.

Igual, mas um pouco maior.
　　Такой же, но больше.
　　　Takói je, no bólchie.

Quanto custa?
　　Сколько стоит?
　　　Skólka stóit?

Eu vou levar.
　　Я возьму его.
　　　Iá vosmú ievó.

Aceitam cartão?
　　Можно ли заплатить кредитной картой?
　　　Mójna li zaplatít kridítnai kártai?

Tem selo?
　　У вас есть марки?
　　　U vas iést márki?

Selo para o Brasil, por favor.
　　Марки в Бразилию, пожалуйста.
　　　Márki v Brazíliu, pajálsta.

Queria algo para dor de ouvido, por favor.
　　Дайте, пожалуйста, что-нибудь от боли в ухе.
　　　Dáitie, pajálsta, chtónibud at bóli v úkhe.

Vocabulário: Nas compras

Ao pagar

caixa (para pagar)
касса
kássa

câmbio
обмен
abmién

cartão de crédito
кредитная карточка
kridítnaia kártatchka

custar
стоить
stóit

moeda
монета
maniéta

nota
купюра
kupiúra

nota fiscal, conta
фактура
faktúra

pagar
платить, заплатить
platít, zaplatít

recibo
квитанция
kvitántsiia

recibo da compra
чек
tchek

trocar
менять, поменять
miniát, paminiát

Pesos, envoltórios e estados

caixa
коробка
karópka

congelado
заморожено
zamarójena

data de validade
срок годности
srók gódnasti

dezena
десятка
dissiátka

fresco
свежий
sviéji

grama
грамм
gram

lata
банка
bánka

litro
    литр
    lítr

pacote
    пакет
    pakiét

pacote (embalagem)
    пачка
    pátchka

quilo
    килограмм
    kilagrám

Roupas (peças)

cachecol
    шарф
    charf

calça
    брюки
    briúki

capa de chuva
    плащ
    plasch

casaco
    жакет
    jakiét

colete
    жилет
    jiliét

cuecas
    трусы
    trussí

jaqueta
    куртка
    kúrtka

jeans
    джинсы
    djínssi

lenço
    платок
    platók

luvas
    перчатки
    pirtchátki

meia-calça
    чулки
    tchúlki

meias
    носки
    naskí

óculos
    очки
    atchkí

pijama
    пижама
    pijáma

provador
    примерочная
    primiératchnaia

saia
 юбка
 iúpka

sapatos
 туфли
 túfli

sobretudo
 пальто
 paltó

suéter (agasalho)
 свитер
 svítier

sutiã
 лифчик
 líftchik

tamanho
 размер
 rasmiér

terno
 костюм
 kastiúm

touca / gorro
 шапка
 chápka

vestido
 платье
 plátie

Mójna li zaplatit kriditnai kártai?

Descrever pessoas

Описание людей

Como ele é? / Como ela é?	Как он выглядит? (*masc.*)
	Kak on víglidit?
	Как она выглядит? (*fem.*)
	Kak aná víglidit?
É uma jovem.	Это молодая девушка.
	Éta maladáia diévuchka.
Ele é um senhor.	Это пожилой мужчина.
	Éta pajilói muchschína.
Ele é muito alto.	Он очень высокий.
	On ótchien vissóki.
Ele é baixo.	Он маленького роста.
	On málienkava rósta.
Ele/a tem o cabelo escuro.	У него тёмные волосы. (*masc.*)
	U nivó tiómnie vólassi.
	У неё тёмные волосы. (*fem.*)
	U niió tiómnie vólassi.
Ele/a tem os olhos azuis.	У него голубые глаза. (*masc.*)
	U nivó galubíe glazá.
	У неё голубые глаза. (*fem.*)
	U niió galubíe glazá.
Ele é muito bonito.	Он очень красивый.
	On ótchien krassívi.
Ele/a se parece com o Carlos.	Он похож на Карлоса. (*masc.*)
	On pakhój na Kárlassa.
	Она похожа на Карлоса. (*fem.*)
	Aná pakhója na Kárlasa.
Ele tem bigode.	У него усы.
	U nivó ussí.

Ele usa óculos.

Он в очках.
On v atchkákh.

Ela está usando um vestido vermelho.

Она в красном платье.
Aná f krásnam plátie.

Ele é muito simpático.

Он очень приятный.
On ótchien priiátni.

Ele é uma pessoa um pouco estranha.

Это немножко странный человек.
Éta nimnóchka stránni tchilaviék.

Eu gosto muito dele/dela.

Он мне очень нравится. (*masc.*)
On mnié ótchien nrávitsa.
Она мне очень нравится. (*fem.*)
Aná mnié ótchien nrávitsa.

A gente se dá muito bem.

Мы отлично ладим.
Mi atlítchna ládim.

Vocabulário: Descrever pessoas

Descrever o físico

alto
высокий
vissóki

baixo
маленького роста
málienkava rósta

barba
борода
baradá

bigode
усы
ussí

bonito
красивый
krassívi

cabelo
волосы
vólassi

castanho
  каштановый
  kachtánavi

feio
  некрасивый
  nikrassívi

gordo
  толстый
  tólsti

loiro
  блондин
  blandín

magro
  худой
  khudói

moreno
  смуглый
  smúgli

olhos azuis
  голубые глаза
  galubíe glazá

olhos escuros
  чёрные глаза
  tchórnie glazá

olhos verdes
  зелёный глаза
  ziliónie glazá

Relacionar-se

dar-se bem (se dar com alguém)
  хорошо ладить
  kharachó ládit

dar-se mal (não se dar com alguém)
  плохо ладить
  plókha ládit

gostar
  нравиться
  nrávitsa

não gostar
  не нравиться
  ni nrávitsa

parecer-se
  быть похожим
  bit pakhójim

Caráter

agradável
  приятный
  priiátni

alegre
  весёлый
  vissióli

amável (gentil)
  любезный
  liubiésni

antipático
  неприятный
  nipriiátni

atraente
  симпатичный
  simpatítchni

bobo (tolo)
  дурак
  durák

chato
  скучный
  skútchni

desagradável
  неприятный
  nipriiátni

estranho
  странный
  stráni

estranho (esquisito)
  странный
  stráni

(ser) gente boa
  добрый
  dóbri

idiota (burro)
  глупый
  glúpi

injusto
  несправедливый
  nispravidlívi

inteligente
  умный
  úmni

interessante
  интересный
  intiriésni

mentiroso
  лживый
  Ljívi

preguiçoso
  ленивый
  linívi

ridículo
  смешной
  smichnói

sério
  серьёзный
  siriósni

simpático
  приятный
  priiátni

sincero
  искренний
  ískrini

Lazer — Увлечения

Gostaria de jantar comigo?	Я хочу пригласить тебя на ужин. Iá khatchú priglassít tibiá na újin.
Gostaria de ir ao cinema?	Хочешь пойти в кино? Khótchech paití f kinó?
Não estou a fim de sair.	Мне не хочется гулять. Mnié ni khótchetsa guliát.
Vamos dar uma volta!	Давай пойдём погулять! Davái paidióm paguliát!
Que dia marcamos?	В какой день мы встретимся? F kakói dién mi vstriétimssia?
Que tal segunda-feira?	Как насчет понедельника? Kak nachót panidiélnika?
A que horas marcamos?	Во сколько мы встретимся? Va skólka mi vstriétimssia?
Você joga tênis?	Ты умеешь играть в теннис? Ti umiéiech igrát f tiénis?
Poderíamos ir a São Petersburgo.	Мы могли бы поехать в Петербург. Mi maglí bi paiékhat f Pitirbúrk.

Vocabulário: Lazer

Atividades

comprar ingressos (entradas)
купить билеты
kupít biliéti

convidar
приглашать (кого?), пригласить (куда?)
priglachát, priglassít

dar uma volta, passear
гулять
guliát

ficar em casa
остаться дома
astátsa dóma

interessar-se
интересоваться (чем?)
intirissavátsa

marcar um encontro, combinar
договариваться, договориться (с кем?)
dagavárivatsa, dagavarítsa

praticar esporte
заниматься спортом
zanimátsa spórtam

sair
гулять
guliát

tomar (beber) algo
попить что-нибудь
papít chtónibut

ver tevê
смотреть телевизор
smatriét tilivízar

Lazer

atletismo
атлетика
atliétika

basquete
баскетбол
basketból

ciclismo
велосипедный спорт
vielassipiédni sport

cinema
кино
kinó

concerto / show
концерт
kantsért

conferência (palestra), aula, curso
лекция
liéktsia

discoteca
дискотека
diskatiéka

entrada, ingresso
    билет
    biliét

esporte
    спорт
    sport

esquiar
    кататься на лыжах
    katátsa na líjakh

excursão
    экскурсия
    ekskúrssia

exposição
    выставка
    vístafka

festa
    вечер
    viétcher

futebol
    футбол
    futból

museu
    музей
    muziéi

música
    музыка
    múzika

natação
    плавание
    plávanie

ópera
    опера
    ópira

restaurante
    ресторан
    ristarán

teatro
    театр
    tiátr

tênis
    теннис
    tiénis

Sentimentos e sensações

Физическое состояние и чувства

Tenho muita sede.

Мне очень хочется пить.
    Mnié ótchien khótchetsa pit.

Estou com fome.

Мне хочется есть.
    Mnié khótchetsa iést.

Estou com calor.

Мне жарко.
    Mnié járka.

Estou com frio.

Мне холодно.
    Mnié khóladna.

Estou com muita dor de cabeça.

У меня очень болит голова.
    U miniá ótchien balít galavá.

Não estou me sentindo bem.

Я плохо себя чувствую.
    Iá plókha sibiá tchústvuiu.

Estou resfriado.

У меня простуда.
    U miniá prastúda.

Estou tonto.

У меня кружится голова.
    U miniá krújitsa galavá.

Estou muito cansado.

Я очень устал.
    Ya ótchien ustál.

Estou com sono.

Мне хочется спать.
    Mnié khótchetsa spat.

Vocabulário: Sentimentos e sensações

Partes do corpo

barriga
живот
jivót

braço
рука
ruká

cabeça
голова
galavá

costas
спина
spiná

cotovelo
локоть
lókat

dente, molar
моляр
maliár

estômago
желудок
jelúdak

garganta
горло
górla

joelho
колено
kaliéna

mão
рука
ruká

olhos
глаза
glazá

ouvido
ухо
úkha

pé
нога
nagá

peito
грудь
grut

perna
нога
nagá

tornozelo
щиколотка
chschíkalatka

Remédios

antibiótico
антибиотик
antibiótik

bandeide
> пластырь
> plastír

calmante
> успокоительное
> лекарство
> uspakaítielnaie likárstva

comprimido
> таблетка
> tabliétka

faixa
> бинт
> bint

injeção
> укол
> ukól

pomada
> крем
> kriém

supositório
> суппозиторий
> supazitóri

xarope
> микстура
> mikstúra

Sintomas, causas etc.

diarreia
> понос
> panós

dor
> боль
> ból

dor de cabeça
> головная боль
> galavnáia ból

estar doente
> быть болен, больна
> bit bólien, balná

ficar doente
> заболеть
> zabaliét

gripe
> грипп
> grip

náuseas
> тошнота
> tachnatá

operar
> делать операцию
> diélat apirátsiu

resfriado
> простуда
> prastúda

sofrer um acidente
> попасть в аварию
> papást v aváriu

tosse
> кашель
> káchel

Meteorologia — Погода

Que calor!
    Как жарко!
        Kak járka!

Que frio!
    Как холодно!
        Kak khóladna!

Está chovendo.
    Идёт дождь.
        Idiót dócht.

Está nevando.
    Идёт снег.
        Idiót sniék.

Está ventando muito.
    Дует сильный ветер.
        Dúiet sílni viéter.

O tempo está ruim hoje.
    Сегодня плохая погода.
        Sivódnia plakháia pagóda.

O tempo está bom hoje.
    Сегодня хорошая погода.
        Sivódnia kharóshaia pagóda.

Está muito quente.
    Сегодня очень жарко.
        Sivódnia ótchien járka.

Faz 8 graus hoje.
    Сегодня плюс восемь градусов.
        Sivódnia pliús vóssim grádussaf.

Vocabulário: Meteorologia

bom tempo
  хорошая погода
  kharóchaia pagóda

calor
  жара
  jará

chuva
  дождь
  dócht

frio
  холод
  khólat

mau tempo
  плохая погода
  plakháia pagóda

neve
  снег
  sniék

névoa/nevoeiro
  туман
  tumán

tempestade/tormenta
  буря
  búria

trovão
  гром
  gróm

vento
  ветер
  viéter

Kak khólatna!

Gostos, interesses e preferências ## Вкусы, интересы и предпочтения

Você gosta de futebol?
Тебе нравится футбол?
Tibié nrávitsa futból?

Sim, eu adoro.
Да, очень люблю.
Da, ótchien liubliú.

Sim, eu gosto muito.
Да, очень нравится.
Da, ótchien nrávitsa.

Não, não gosto muito.
Нет, не очень нравится.
Niét, ni ótchien nrávitsa.

Não, não gosto nada.
Нет, совсем не нравится.
Niét, safssiém ni nrávitsa.

Interessa-me muito a história da arte.
Я очень интересуюсь историей искусств.
Iá ótchien intieriessúius istóriei iskústv.

Ele não gosta nada de cozinhar.
Он овсем не любит готовить.
On safssiém ni liúbit gatóvit.

Nem eu.
Я тоже нет.
Iá tóje niét.

Eu também.
Я тоже.
Iá tóje.

Eu não.

Я нет.
Iá niét.

Eu sim.

Я да.
Iá da.

Qual você prefere?

Какой вы предпочитаете?
Kakói vi pritpatchitáietie?

Opinar / Avaliar / Discutir

Высказать мнение / Оценивать / Обсуждать

Eu acho muito interessante.
Мне очень интересно.
Mnié ótchien intiriésna.

Que maravilha!
Какая прелесть!
Kakáia priéliest!

Que horror!
Какой ужас!
Kakói újas!

Muito bonito!
Очень красиво!
Ótchien krassíva!

Ele canta muito bem.
Очень хорошо поёт.
Ótchien kharachó paiót.

Ele cozinha muito mal.
Очень плохо готовит.
Ótchien plókha gatóvit.

Não me parece nada justo.
Мне кажется, это очень несправедливо.
Mnié kájetsa, éta ótchien nispravitlíva.

Isso é ridículo.
Это глупость.
Éta glúpast.

Me parece bom.
Хорошо.
Kharachó.

Não me parece nada bom.
Мне кажется, ничего хорошего.
Mnié kájetsa, nitchevó kharócheva.

Acho que é melhor assim.	Я думаю, так лучше.
	Iá dúmaiu, tak lútche.
Sim, concordo, mas há outro problema.	Да, хорошо, но есть другая проблема.
	Da, kharachó, no iést drugáia prabliéma.
Claro!	Конечно!
	Kaniéchna!
Exatamente.	Точно.
	Tótchna.
Evidentemente.	Очевидно.
	Atchivídna.
Sim!	Да!
	Da!
Sim, é verdade.	Да, правда.
	Da, právda.
ok, concordo.	Ладно, хорошо.
	Ládna, kharachó
Concordo com o Juan.	Я согласен с Хуаном. (*masc.*)
	Iá saglássien s Juánam.
	Я согласна с Хуаном. (*fem.*)
	Iá saglásna s Juánam.
Você tem razão.	Ты прав.
	Ti práf. (*a um homem*)
	Ты права.
	Ti práva. (*a uma mulher*)
Vocês têm razão.	Вы правы.
	Vi právi. (*a um homem ou a uma mulher*)

Opinar / Avaliar / Discutir / 71

Sério?   Правда?
                             Právda?

Concordo com você.   Я во всём согласен с тобой. (*masc.*)
                             Iá va vssióm s tabói saglássien.
                             Я во всём согласна с тобой. (*fem.*)
                             Iá va vssióm s tabói saglásna.

Certamente não.   Точно нет.
                             Tótchna niét.

Definitivamente não.   Совсем нет.
                             Safssiém niét.

Não.   Нет.
                             Niét.

Não, isso não é verdade.   Нет, не правда.
                             Niét, ni právda.

De jeito nenhum.   Да что ты! (*informal*)
                             Da chto ti!
                             Да что вы! (*formal*)
                             Da chto vi!

Discordo de você.   Я не согласен с тобой. (*masc.*)
                             Iá ni saglássien s tabói.
                             Я не согласна с тобой. (*fem.*)
                             Iá ni saglásna s tabói.

Não concordo de jeito nenhum.   Я совершенно не согласен. (*masc.*)
                             Iá savierchéna ni saglássien.
                             Я совершенно не согласна. (*fem.*)
                             Iá savierchéna ni saglásna.

Vocabulário: Opinar / Avaliar / Discutir

Adjetivos

absurdo
абсурдный
absúrtni

bonito
красивый
krassívi

cansativo, chato
скучный
skútchni

estranho
странный
stráni

feio
некрасивый
nikrassívi

horrível
ужасный
ujásni

incrível
невероятный
niviraiátni

injusto
несправедливый
nispravitlívi

interessante
интересный
intiriésni

lógico
логичный
laguítchni

maravilhoso, ótimo
прекрасный
prikrásni

normal
нормальный
narmálni

ridículo, engraçado
смешной
smichnói

Para expressar opinião

concordar com
быть согласен, согласна
bit saglássien, saglásna

discordar, ser contra
быть против
bit prótif

duvidar
сомневать
samnivát

pensar
думать
dúmat

ser favorável a, a favor de
быть за
bit za

Causa / Consequência

Причина / Следствие

Por que ele(a) não veio?

Почему не пришёл? (*masc.*)
    Patchimú ni prichiól?
Почему не пришла? (*fem.*)
    Patchimú ni prichlá?

Está doente.

Он заболел.
    On zabaliél.

Eu me atrasei porque meu carro quebrou.

Я опаздал, потому что у меня случилась авария. (*masc.*)
    Iá apasdál patamúchta u miniá slutchílas avária.
Я опаздала, потому что у меня случилась авария. (*fem.*)
    Iá apasdála patamúchta u miniá slutchílas avária.

Ele está doente. Por isso não veio.

Он болен. Поэтому не пришёл.
    On bólien. Paétamu ni prichiól.

Iá apasdál patamúchta u miniá slutchílas avária.

Níveis de certeza

Степень уверенности

Você tem certeza?

Вы уверены?
    Vi uviérieni?

Deve ser o Paulo.

Вероятно, это Паулу.
    Viraiátna, éta Paulu.

Pode ser que chova.

Может быть, будет дождь.
    Mojet bit, búdiet dócht.

Acho que vai chover.

По-моему, будет дождь.
    Pamóiemu, búdiet dócht.

Não acho que ele/a venha hoje.

Я не думаю, что он сегодня придёт. (*masc.*)
    Iá ni dúmaiu, chto on sivódnia pridiót.
Я не думаю, что она сегодня придёт (*fem.*)
    Iá ni dúmaiu, chto aná sivódnia pridiót.

Pedir desculpas

Просить прощения

Perdão. Sinto muito.

Извините.
　　Isvinítie.

Sinto muito.

Мне очень жаль.
　　Mnié ótchien jal.

Desculpe-me.

Простите.
　　Prastítie.

Agradecer   Благодарюить

Obrigado.

                                               Спасибо.
                                                  Spassíba.

De nada.

                                               Пожалуйста.
                                                  Pajálsta.

Muito obrigado.

                                               Большое спасибо.
                                                  Balchóie spassíba.

Grato. / Agradeço.

                                               Благодарю вас.
                                                  Blagadariú vas.

Muito gentil de sua parte.

                                               Вы очень любезны.
                                                  Vi ótchien liubiésni.

Não tem importância.

                                               Не важно.
                                                  Ni vájna.

Parabenizar

Поздравления

Parabéns!

Поздравляю!
    Pasdravliáiu!

Feliz aniversário!

С днём рождения!
    S dnióm rajdiénia!

Feliz Natal!

С Рождеством!
    S Rajestvóm!

Parabéns pelo sucesso no exame.

Поздравляю с успешным экзаменом.
    Pasdravliáiu s uspiéchnim ekzámienam.

Lugares

Место

Por favor, como chego à catedral?

Скажите, пожалуйста, как попасть в собор?
    Skajítie, pajálsta, kak papást f sabór?

Por favor, há alguma agência de correios por aqui?

Скажите, пожалуйста, где здесь почта?
    Skajítie, pajálsta, gdié sdiés pótchta?

Por favor, onde fica a Praça Vermelha?

Скажите, пожалуйста, где Красная Площадь?
    Skajítie, pajálsta, gdié Krásnaia Plóchschad?

Está perto daqui?

Она недалеко?
    Aná nidalikó?

Está muito longe.

Она довольно далеко.
    Aná davólna dalikó.

É possível ir andando?

Можно идти пешком?
    Mójna ití pichkóm?

Está a uns dez minutos a pé.

Минут десять ходьбы.
    Minút diéssiat khadbí.

Está a uns 500 metros.

Метров пятьсот.
    Miétraf pitssót.

Vá direto até o final da rua, depois vire à esquerda.

Идите прямо, а в конце улицы поверните налево.
    Idítie priáma, a f kantsié úlitsi pavirnítie naliéva.

Veja, é ali adiante.

Смотрите, вон там.
    Smatrítie, von tam.

Por favor, onde estão os toaletes?	Скажите, пожалуйста, где туалет?
	Skajítie, pajálsta, gdié tualiét?
Onde está o banheiro?	Где туалет?
	Gdié tualiét?
em frente	перед
	piéret
atrás	за
	za
ao lado	рядом
	riádam
ali / lá	там
	tam
aqui	здесь
	sdiés

Skajítie, pajálsta, gdié tualiét?

acima
наверху
navirkhú

abaixo
внизу
vnizú

sobre a mesa
на столе
na stalié

debaixo da mesa
под столом
pad stalóm

em cima do armário
на шкафу
na chkafú

dentro do armário
в шкафу
f chkafú

ao lado da cozinha
рядом с кухней
riádam s kúkhniei

Vocabulário: Lugares

Estabelecimentos

açougue
мясной магазин
misnói magazín

adega
винный магазин
víni magazín

agência de viagens
турагенство
turaguiénstva

bar
бар
bar

cabeleireiro
парикмахерская
parikmákhierskaia

café (cafeteria)
кафе
kafié

charcutaria, casa de frios
колбаса
kalbassá

confeitaria
кондитерская
kandítierskaia

farmácia
  аптека
  aptiéka

floricultura
  цветочный магазин
  tsvitótchni magazín

hipermercados, loja de departamentos
  универмаг
  univiermák

joalheria
  ювелирный магазин
  iuvilírni magazín

lavanderia
  прачечная
  pratchiétchnaia

livraria
  книжный магазин
  kníjni magazín

loja
  магазин
  magazín

loja de artigos esportivos
  спортивный магазин
  spartívni magazín

loja de brinquedos
  магазин игрушек
  magazín igrúchiek

loja de discos
  музыкальный магазин
  muzikálni magazín

loja de ferragens
  скобяные изделия
  skabiníe isdiélia

loja de móveis
  мебельный магазин
  miébielni magazín

ótica
  оптика
  óptika

padaria
  булочная
  búlatchnaia

papelaria
  писчебумажный магазин
  pichshebumájni magazín

peixaria
  рыбный магазин
  ríbni magazín

perfumaria
  парфюмерный магазин
  parfiumiérni magazín

quiosque
  киоск
  kiósk

quitanda
  фрукты
  frúkti

quitanda, sacolão
  овощной магазин
  avaschnói magazín

sapataria
　обувной магазин
　abuvnói magazín

supermercado
　универсам
　yniversám

tabacaria
　киоск
　kiósk

tinturaria, lavanderia
　химчистка
　khimtchístka

Espaços públicos

alameda
　аллея
　aliéia

apartamento
　квартира
　kvartíra

autoestrada
　автострада
　aftastráda

avenida
　проспект
　praspiékt

bairro
　район
　raión

casa
　дом
　dom

catedral
　собор
　sabór

cinema
　кино
　kinó

correios
　почта
　pótchta

cruzamento
　перекрёсток
　pirikrióstak

delegacia
　полицейский участок
　palitsiéiski utchástak

edifício / prédio
　здание
　sdánie

escola
　школа
　chkóla

empresa
　фирма
　fírma

escritório
  офис
  ófis

esquina
  угол
  úgal

estação
  вокзал
  vakzál

estacionamento
  автостоянка
  aftastaiánka

fábrica
  завод
  zavót

igreja
  церковь
  tsérkaf

jardim
  сад
  sat

lagoa, lago
  пруд
  prút

mercado, feira
  рынок
  rínak

museu
  музей
  muziéi

parque
  парк
  park

praça
  площадь
  plóchschat

prefeitura
  мэрия
  mériia

quartel
  казарма
  kazárma

rodovia
  шоссе
  chassié

rua
  улица
  úlitsa

teatro
  театр
  tiátr

Localização

à direita
  справа (*situação*),
  направо (*direção*)
  správa, napráva

à esquerda
   слева (*situação*),
   налево (*direção*)
   sliéva, naliéva

ali
   там
   tam

ao lado de
   рядом с
   riádam s

aqui
   тут
   tut

atravessar
   переходить, перейти
   pirikhadít, piriití

depois de
   после
   póslie

detrás de
   за
   za

diante de
   перед
   piériet

em frente a / de
   напротив
   naprótif

longe
   далеко
   dalikó

perto
   недалеко
   nidalikó

reto, seguir em frente
   прямо
   priáma

seguir
   продолжать, продолжить
   pradaliát, pradóljit

virar
   повернуть
   pavirnút

Viagens e transportes

Путешествия и виды транспорта

Carro

Машина

Por favor, esta rodovia vai para Tula?

Скажите, пожалуйста, это дорога в Тулу?
    Skajítie, pajálsta, éta daróga f Túlu?

São quantos quilômetros?

Сколько километров?
    Skólka kilamiétraf?

Complete, por favor.

Полный бак, пожалуйста.
    Pólni bak, pajálsta.

Você pode ver o nível do óleo?

Проверьте, пожалуйста, уровень масло.
    Praviértie, pajálsta, úravien másla.

Você pode trocar o óleo?

Смените, пожалуйста, масло.
    Sminítie, pajálsta, másla.

Há alguma oficina por aqui?

Где здесь механик?
    Gdié sdiés mikhánik?

Gostaria de alugar um carro.

Я хотел бы взять машину напрокат
    Iá khatiél bi vziát machínu naprakát.

Trem

Quero uma passagem de ida e volta para São Petersburgo.

Você pode dar o horário dos trens?

A que horas sai o trem para São Petersburgo?

De que plataforma sai?

Por favor, este é o trem para Moscou?

Por favor, este trem para em Tula?

Este lugar está livre?

Incomoda se eu abrir a janela?

Поезд

Пожалуйста, один билет в Петербург, туда и обратно.
  Pajálsta, adín biliét f Pitirbúrk, tudá i abrátna.

Дайте, пожалуйста, расписание поездов.
  Dáitie, pajálsta, raspissánie paiesdóf.

Во сколько уходит поезд в Петербург?
  Va skólka ukhódit póiest v Pitirbúrk?

С какого перрона уходит?
  S kakóva pirróna ukhódit?

Скажите, пожалуйста, это поезд в Москву?
  Skajítie, pajálsta, éta póiest v Maskvú?

Скажите, пожалуйста, этот поезд останавливается в Туле?
  Skajítie, pajálsta, état póiest astanávlivaietsa f Túlie?

Извините, это место свободное?
  Isvinítie, éta miésta svabódnaie?

Вы не возражаете, если я открою окошко?
  Vi ni vasrajáietie, iésli iá atkróiu akóchka?

Aeroporto

Poderia me informar sobre os voos para São Paulo?

Está atrasado o voo que vem de São Paulo?

Já aterrissou o avião que vem de São Paulo?

Perdi minha mala.

Onde posso reclamar?

Pedimos aos senhores passageiros do voo 312 com destino a São Paulo que se dirijam ao portão de embarque número 34.

Аэропорт

Дайте, пожалуйста, информацию о рейсах в Сан-Паулу.
    Dáitie, pajálsta, infarmátsiu a réisakh f San-Paulo.

Самолёт из Сан-Паулу задерживается?
    Samalliót is San-Paulo zadiérjivaietsa?

Самолёт из Сан-Паулу приземлился?
    Samalliót is San-Paulo prizimlílssia?

Я потерял мой чемодан.
    Iá patiriál mói tchimadán.

Где я могу его потребовать?
    Gdié iá magú ievó patriébavat?

Пассажиров рейса 312, следующего в Сан-Паулу, просят пройти к выходу на посадку номер 34.
    Passajíraf réissa 312, sliéduiuchschieva f San-Paulo, próssiat praití k víkhadu na passátku nómier 34.

Outras situações

Que ônibus vai para a Praça Vermelha?

Другие

Какой автобус идёт на Красную площадь?
    Kakói aftóbus idiót na Krásnuiu plóchschat?

Por favor, onde está a estação de metrô mais próxima?

Como ir à Ópera de metrô?

Onde tenho que descer para ir ao porto?

Quantas paradas há até a praça do Palácio?

O que é melhor, ir de ônibus ou de metrô?

Скажите, пожалуйста, где здесь станция метро?
   Skajítie, pajálsta, gdié sdiés stántsia mitró?

Как проехать в Оперу на метро?
   Kak praiékhat v Óperu na mitró?

Где мне нужно выйти, чтобы пройти в порт?
   Gdié mnié nújna víiti, chtóbi praití f port?

Сколько станций / остановок до Дворцовой площади?
   Skólka stántsi (de metrô) / astanóvak (de ônibus) da Dvartsóvai plóchschadi?

Что лучше, ехать на автобусе или на метро?
   Chto lútchie, iékhat na aftóbussie íli na mitró?

Hotel

Gostaria de reservar um quarto duplo para o dia 4 de maio.

Quanto custa um quarto individual?

Гостиница

Я хотел бы заказать двухместный номер на 4 мая.
   Iá khatiél bi zakazát dvukhmiéstni nómier na 4 maia.

Сколько стоит одноместный номер?
   Skólka stóit adnamiéstni nómier?

Há quartos livres?	У вас есть свободные номера? U vas iést svabódnie namirá?
Está incluso o café da manhã?	Завтрак включён? Záftrak fkliutchón?
Reservei um quarto no nome do sr. Lopes.	Я забронировал номер на имя Лопес. Iá zabraníraval nómier na ímia Lopes.
Poderia me acordar às sete?	Разбудите меня в семь часов, пожалуйста. Rasbudítie miniá f siém tchissóf, pajálsta.
O chuveiro não funciona.	Душ не работает. Duch ni rabótaiet.
Poderia fechar a conta do 405, por favor?	Готовьте счёт номера 405, пожалуйста. Gatóftie chschiót nómira 405, pajálsta.
Poderia pedir um táxi, por favor?	Закажите такси, пожалуйста. Zakajítie taksí, pajálsta.

Vocabulário: Viagens e transportes

De carro

acelerador
акселератор
akssilirátar

acelerar
ускорять, ускорить
uskariát, uskórit

câmbio
коробка скоростей
karópka skarastiéi

carteira de habilitação / de motorista
права
pravá

cruzamento
перекрёсток
pirikrióstak

estrada
шоссе
chassié

estrada, rodovia
автострада
aftastráda

frear
тормозить, затормозить
tarmazít, zatarmazít

freio
тормоз
tórmas

gasolina
бензин
binzín

gasolina sem chumbo
неэтилированный бензин
nietilíravani binzín

milhas
миля
mília

mudar de faixa
перестраиваться в другой ряд
piristráivatsa v drugói riát

multa
штраф
chtráf

oficina
автомастерская
aftamastirskáia

pedágio
дорожная плата
darójnaia pláta

ponte
  мост
  most

posto de gasolina
  бензоколонка
  binzakalónka

quilômetros
  километры
  kilamiétri

sinal
  указатель
  ukazátiel

sinalização
  сигнализация
  signalizátsia

túnel
  туннель
  tuniél

ultrapassar
  обгонять, обогнать
  abganiát, abagnát

vela do motor
  свеча
  svitchá

velocidade
  скорост
  skórast

De trem

assento
  место
  miésta

cama
  двухъярусная кровать
  dvukhiárusnaia kravát

carro leito
  спальный вагон
  spálni vagón

condutor
  водитель
  vadítiel

fiscal
  контролёр
  kantraliór

guichê
  касса
  kássa

passagem (bilhete)
  билет
  biliét

plataforma (de embarque)
  платформа
  platfórma

primeira classe
  мягкий вагон
  miákhki vagón

segunda classe
> жёсткий вагон
> jóstki vagón

trem de alta velocidade
> скорый поезд
> skóri póiest

De avião

aterrissar
> приземляться, приземлиться
> prizimliátsa, prizimlítsa

bagagem
> багаж
> bagách

chegar
> прилетать, прилететь
> prilitát, prilitiét

controle de passaportes (fiscalização)
> паспортный контроль
> páspartni kantról

controle de segurança
> контрольно-пропускной пункт
> kantrólna prapusknói punkt

decolar
> взлетать, взлететь
> vslitát, vslitiét

esteira (de bagagem)
> выдача багажа
> vídatcha bagajá

fazer *check in*
> сдавать, сдать в багаж
> sdavát, sdát v bagásh

passageiro
> пассажир
> passajír

portão de embarque
> вход
> fkhód

terminal
> аэровокзал
> aeravakzál

voo
> рейс
> riéis

voo regular
> регулярный рейс
> riguliárni riéis

voos internacionais
> международные рейсы
> mejdunaródnie riéissi

voos nacionais
> внутренние рейсы
> vnútrini riéissi

Outros

bonde
    трамвай
    tranvái

fazer baldeação (conexão)
    делать пересадку
    diélat pirissátku

horário
    расписание
    raspissánie

linha de metrô
    линия
    línia

metrô
    метро
    mitró

ônibus
    автобус
    aftóbus

ônibus de turismo
    автобус
    aftóbus

parada, ponto, estação
    остановка автобуса
    (*de ônibus*),
    astanófka aftóbussa,
    станция метро (*de metrô*)
    stántsia mitró

terminal (de ônibus)
    автовокзал
    aftavakzál

Bar e restaurante

Бар и ресторан

Um café com leite e uma cerveja, por favor.

Кофе с молоком и пиво, пожалуйста.
    Kófie s malakóm i píva, pajálsta.

Preparam lanches?

У вас есть бутерброды?
    U vas iést buterbródi?

Quanto custa?

Сколько стоит?
    Skólka stóit?

Quero reservar uma mesa para três pessoas para esta noite, às nove.

Я хочу заказать стол на троих на сегодняшний вечер на девять часов.
    Iá khatchú zakazát stol na traíkh na sivódniachni viétcher na diéviat tchissóf.

Tem mesa para cinco pessoas?

У вас есть стол на пятерых?
    U vas iést stól na pitiríkh?

Pode trazer o cardápio?

Пожалуйста, принесите меню.
    Pajálsta, prinissítie miniú.

O que recomenda?

Что вы посоветуете?
    Chtó vi passaviétuietie?

Queremos o prato do dia.

Мы закажем комплексный обед.
    Mi zakájem kómplieksni abiét.

Para mim, de entrada, uma sopa de peixe.

Мне, пожалуйста, на первое рыбный суп.
    Mnié, pajálsta, na piérvoie ríbni sup.

Para beber, vinho branco.	Мы будем пить белое вино. Mi búdiem pit biélaie vinó.
Por favor, pode nos trazer mais pão?	Ещё хлеба, пожалуйста. Ichschió khliéba, pajálsta.
Aqui está.	Вот, пожалуйста. Vot, pajálsta.
Por favor, pode trazer outra cerveja?	Принесите, пожалуйста, ещё одно пиво. Prinissítie, pajálsta, ichschió adnó píva.
A conta, por favor.	Счёт, пожалуйста. Chschiót, pajálsta.

Vocabulário: Bar e restaurante

água com gás
    газированная вода
    gazirovanaia vadá

água mineral
    минеральная вода
    minirálnaia vadá

água sem gás
    негазированная вода
    nigazirovanaia vadá

alho
    чеснок
    tchisnók

arroz
    рис
    ris

assado (carne assada)
    жареное мясо
    járenaie miássa

azeite, manteiga
    масло
    másla

batatas fritas
    фри картофель
    fri kartófiel

bem passado
хорошо прожаренное
kharachó prajárienaie

bife, filé
филе
filé

bolo
торт
tort

café
кофе
kófie

café com leite
кофе с молоком
kófie s malakóm

carne
мясо
miássa

carne de boi
воловье мясо
valóvie miássa

carne grelhada
жареное мясо
járienaie miássa

cebola
лук
luk

cerveja
пиво
píva

chá
чай
tchái

colher
ложка
lóchka

cordeiro
баранина
baránina

costeletas
отбивная котлета
atbivnáia katliéta

cru
сырой
sirói

entrada, aperitivo
закуска
zakúska

faca
нож
nóch

frango
курица
kúritsa

frito
   жареный
   járeni

fruta
   фрукты
   frúkti

garfo
   вилка
   vílka

guardanapo
   салфетка
   salfiétka

guarnição
   гарнир
   garnír

guisado, cozido
   тушённое мясо
   tuchiónaie miássa

hambúrguer
   гамбургер
   gámburguer

lanche
   бутерброд
   buterbrót

legumes, verdura
   овощи
   óvachschi

leite
   молоко
   malakó

marisco
   морепродукты
   maripodúkti

massa
   макароны
   makaróni

molho
   соус
   sóus

ovo
   яйцо
   iitsó

pão
   хлеб
   khliép

peixe
   рыба
   ríba

porção
   порция
   pórtsia

porco
   свинина
   svinína

salada
   салат
   salát

sobremesa
   десерт
   dissiért

sopa
   суп
   sup

sorvete
   мороженое
   marójenaie

suco
   сок
   sok

tomate
   помидор
   pamidór

vinho branco
   белое вино
   biélaie vinó

vinho *rosé*
   розовое вино
   rózavaie vinó

vinho tinto
   красное вино
   krásnaie vinó

vitela
   говядина
   gaviádina

NÚMEROS

Числительные

Números cardinais

Каличественные числительные

um, dois, três, quatro, cinco, seis, sete, oito, nove, dez

один, два, три, четыре, пять, шесть, семь, восемь, девять, десять
    adín, dvá, tri, tchitíri, piát, chiést, siém, vóssim, diéviat, diéssiat

onze, doze, treze, catorze, quinze, dezesseis, dezessete, dezoito, dezenove, vinte

одиннадцать, двенадцать, тринадцать, четырнадцать, пятнадцать, шестнадцать, семнадцать, восемнадцать, девятнадцать, двадцать
    adínatsat, dvinátsat, trinátsat, tchitírnatsat, pitnátsat, chistnátsat, simnátsat, vassimnátsat, divitnátsat, dvátsat

vinte e um, vinte e dois

двадцать один, двадцать два
    dvátsat adín, dvátsat dva

trinta, trinta e um, trinta e dois

тридцать, тридцать один, тридцать два
    trítsat, trítsat adín, trítsat dva

quarenta, quarenta e um

сорок, сорок один
    sórak, sórak adín

cinquenta, sessenta

пятьдесят, шестьдесят
    pitdissiát, chiestdissiát

setenta

семьдесят
    siémdissiát

oitenta	восемьдесят
	vóssimdissiat
noventa	девяноста
	divinósta
cem	сто
	sto
cento e um, cento e dois	сто один, сто два
	sto adín, sto dva
duzentos, trezentos	двести, триста
	dviésti, trísta
quatrocentos	четыреста
	tchitírista
quinhentos	пятьсот
	pitssót
seiscentos	шестьсот
	chiestssót
setecentos	семьсот
	simssót
oitocentos	восемьсот
	vassimssót
novecentos	девятьсот
	divitssót
mil	тысяча
	tíssiatcha
um milhão	миллион
	milión
um bilhão	биллион
	bilión

Números ordinais	Порядковые числительные
primeiro	первый piérvi
segundo	второй ftarói
terceiro	третий triéti
quarto	четвёртый tchitviórti
quinto	пятый piáti
sexto	шестой chestói
sétimo	седьмой sitmói
oitavo	восьмой vasmói
nono	девятый diviáti
décimo	десятый dissiáti

Avisos / Cartazes públicos   Надписи

Propriedade particular   Частная собственность
                                    Tchástnaia sópstvienast

Puxe   К себе
                                    Kssibié

Empurre   От себя
                                    Atssibiá

Toque a campainha   Нажимать кнопку
                                    Najimát knópku

Fechado   Закрыто
                                    Zakríta

Aberto   Открыто
                                    Atkríta

Proibido fumar   Нельзя курить
                                    Nilziá kurít

Proibida a passagem   Переход запрещён
                                    Pirikhót zaprichschión

Entrada   Вход
                                    Fkhód

Entrada proibida   Вход запрещён
                                    Fkhód zaprichschión

Saída   Выход
                                    Víkhat

Livre   Свободно
                                    Svabódna

Ocupado   Занято
                                    Zánita

Faixa de pedestre	Пешеходная дорожка
	Pichikhótnaia daróchka
Elevador	Лифт
	Lift
Perigo	Опасно
	Apásna
Perigo de incêndios	Опасность возгорания
	Apásnast vasgaránia
Sanitário / banheiro	Туалет
	Tualiét
Senhoras	Женщины
	Jénschschini
Cavalheiros	Мужчины
	Muchíni
Aluga-se	Сдаётся
	Sdaiótsa
Vende-se	Продаётся
	Pradaiótsa
Telefone público	Телефон
	Tilifón

Gramática

Os substantivos

Os substantivos em russo distinguem-se de acordo com o gênero, o número e o caso. Em russo, existem três gêneros: masculino, feminino e neutro. Em alguns casos, os masculinos e os femininos dividem-se em animados e inanimados; os substantivos neutros são sempre inanimados.

Gênero

Os substantivos **masculinos** terminam em consoante ou desinência zero, **-й**, **-ь** e **-а**:

> стол (*mesa*)
> музе**й** (*museu*)
> портфел**ь** (*carteira*)
> пап**а** (*papai*)

Os substantivos **femininos** possuem as terminações **-а**, **-я**, **-ия** e **-ь**:

> машин**а** (*carro*)
> семь**я** (*família*)
> лаборатор**ия** (*laboratório*)
> тетрад**ь** (*caderno*)

Os substantivos neutros podem terminar em **-о**, **-е** e **-ие**:

> письм**о** (*carta*)
> мор**е** (*mar*)
> задан**ие** (*tarefa*)

Número

O número pode ser singular ou plural. Vejamos como se forma o plural.

Aos substantivos masculinos com desinência zero, acrescentamos **-ы**, ao passo que nos terminados em **-й** e **-ь** substituímos a terminação por **-и**:

стол (*mesa*)	→	стол**ы**
музе**й** (*museu*)	→	музе**и**
портфел**ь** (*carteira*)	→	портфел**и**

Exceções: дом → дом**а**, город → город**а**, друг → друз**ья**, брат → брат**ья**, сын → сын**овья**, человек → люди, ребёнок → дети.

No caso dos substantivos femininos, substituímos a terminação **-а** por **-ы** e nos terminados em **-я**, **-ия** e **-ь** por **-и**:

машин**а** (*carro*)	→	машин**ы**
семь**я** (*família*)	→	семь**и**
лаборатор**ия** (*laboratório*)	→	лаборатор**ии**
тетрад**ь** (*caderno*)	→	тетрад**и**

Exceções: дочь → доч**ери**, мать → мат**ери**, сестра → с**ё**стры, жена → ж**ё**ны.

Caso a raiz do substantivo, tanto masculino quanto feminino, termine em **к**, **г**, **х**, **ж**, **ш**, **щ** ou **ч**, sempre escrevemos **-и** em vez de **-ы**:

бан**к** (*banco*)	→	бан**ки**
каранда**ш** (*lápis*)	→	каранда**ши**
ру**ч**ка (*caneta*)	→	ру**ч**ки
кни**г**а (*livro*)	→	кни**ги**

Para formar o plural dos substantivos neutros, substitui-se a terminação -**o** por um -**a**, -**e** por -**я** e -**ие** por -**ия**:

письм**о** (*carta*)	→	письм**а**
мор**е** (*mar*)	→	мор**я**
задан**ие** (*tarefa*)	→	задан**ия**

Atenção! As palavras de gênero neutro de origem estrangeira não formam plural: пальто, метро, радио, такси etc.

Caso

Em russo, existem seis casos, cada um com uma ou mais funções.

- O **nominativo** é a forma original da palavra e desempenha a função de sujeito, ou seja, a pessoa ou o objeto que executa a ação expressa pelo verbo.
- O **genitivo** expressa posse, procedência e ausência.
- O **dativo** designa a pessoa ou o objeto a que se dirige a ação.
- O **acusativo** designa o objeto ou a pessoa que recebe a ação expressa pelo verbo. Também expressa direção.
- O **instrumental** expressa companhia ou, como seu nome indica, o instrumento com que se desempenha a ação.
- O **prepositivo** expressa o lugar e o objeto da conversação ou do pensamento; como seu nome indica, sempre leva preposição.

Além disso, alguns verbos regem um caso determinado, que é marcado por meio das partículas interrogativas **кто?** (quem?) / **что?** (quê?), no caso correspondente:

Nominativo	**кто?** /	**что?**
Genitivo	**кого?** /	**чего?**
Dativo	**кому?** /	**чему?**
Acusativo	**кого?** /	**что?**
Instrumental	**кем?** /	**чем?**
Prepositivo	**о ком?** /	**о чём?**

Declinação dos substantivos masculinos no singular e no plural

Singular

Caso	Desinência zero	-й	-ь
Nominativo	стол / журналист	музей / Андрей	портфель / учитель
Genitivo	стола / журналиста	музея / Андрея	портфеля / учителя
Dativo	столу / журналисту	музею / Андрею	портфелю / учителю
Acusativo	стол / журналиста	музей / Андрея	портфель / учителя
Instrumental	столом / журналистом	музеем / Андреем	портфелем / учителем
Prepositivo	о столе / о журналисте	о музее / об Андрее	о портфеле / об учителе

Plural

Caso	Desinência zero	-й	-ь
Nominativo	столы / журналисты	музеи / Андреи	портфели / учители
Genitivo	столов / журналистов	музеев / Андреев	портфелей / учителей
Dativo	столам / журналистам	музеям / Андреям	портфелям / учителям
Acusativo	столы / журналистов	музеи / Андреев	портфели / учителей
Instrumental	столами / журналистами	музеями / Андреями	портфелями / учителями
Prepositivo	о столах / о журналистах	о музеях / об Андреях	о портфелях / об учителях

Os substantivos masculinos terminados em **-а** e **-я** (мужчина, папа, дядя etc.) declinam-se da mesma forma que os femininos.

Declinação dos substantivos femininos no singular e plural

Singular

Caso	-а	-я	-ия	-ь
Nominativo	страна / женщина	семья / тётя	фамилия / Мария	тетрадь / мать
Genitivo	страны / женщиы	семьи / тёти	фамилии / Марии	тетради / матери
Dativo	стране / женщине	семье / тёте	фамилии / Марии	тетради / матери
Acusativo	страну / женщину	семью / тётю	фамилию / Марию	тетрадь / мать
Instrumental	страной / женщиной	семьёй / тётей	фамилией / Марией	тетрадью / матерью
Prepositivo	о стране / о женщине	о семье / о тёте	о фамилии / о Марии	о тетради / о матери

Plural

Caso	-а	-я	-ия	-ь
Nominativo	страны / женщины	семьи / тёти	фамилии / Марии	тетради / матери
Genitivo	стран / женщин	семей / тётей	фамилий / Марий	тетрадей / матерей
Dativo	странам / женщинам	семьям / тётям	фамилиям / Мариям	тетрадям / матерям
Acusativo	страны / женщин	семьи / тётей	фамилии / Марией	тетради / матерей
Instrumental	странами / женщинами	семьями / тётями	фамилиями / Мариями	тетрадями / матерями
Prepositivo	о странах / о женщинах	о семьях / о тётях	фамилиях / о Мариях	о тетрадях / о матерях

Declinação dos substantivos neutros no singular e plural

Singular

Caso	-o	-e	-ие
Nominativo	дело	море	задание
Genitivo	дела	моря	задания
Dativo	делу	морю	заданию
Acusativo	дело	море	задание
Instrumental	делом	морем	заданием
Prepositivo	о деле	о море	о задании

Plural

Caso	-o	-e	-ие
Nominativo	дела	моря	задания
Genitivo	дел	морей	заданий
Dativo	делам	морям	заданиям
Acusativo	дела	моря	задания
Instrumental	делами	морями	заданиями
Prepositivo	о делах	о морях	о заданиях

As preposições

As preposições podem ter um ou mais significados e reger um ou mais casos. Sempre são seguidas de um substantivo, nunca de um verbo.

Há dois tipos de preposições, as não derivadas e as derivadas, que são formadas a partir de um advérbio ou de um gerúndio. A maioria das preposições não derivadas são átonas, por isso são lidas como se fizessem parte da palavra que precedem: в университете (*vuniviersitiétie*). As derivadas, por outro lado, são tônicas, têm um único significado e regem um único caso.

Preposições não derivadas

No **genitivo** existem as seguintes preposições: без (*sem*), для (*para*), до (*até*), из (*de*), из-за (*graças a*), от (*de, desde, em nome de*), ради (*a favor de*), кроме (*exceto*) e у (*perto de, em caso de*).

No **dativo**: к (*a, em direção a*), по (*por*).

No **acusativo**: в (*em*, com verbos de movimento), на (*em cima de, em*, com verbos de movimento), о (об) (*contra*), под (*debaixo de*, com verbos de movimento), по (*até*), с (*de*), про (*acerca de, sobre*), через (*através de, por, dentro de*), сквозь (*através de, entre*).

No **instrumental**: над (*sobre, por cima de*), перед (*diante de*), между (*entre*), под (*debaixo de*), за (*atrás de*), с (*com*).

No **prepositivo**: при (*no tempo de, diante de, junto a*), в (*em, dentro de*), на (*em, em cima de*), о (об) (*sobre, de*), по (*depois de*).

Preposições derivadas

No **genitivo**: близ (*perto de*), вдоль (*ao longo de*), вместо (*em vez de, em lugar de*), возле (*perto de, ao lado de*), вокруг (*ao redor de*), мимо (*diante de*), наверху (*acima, no alto*), напротив (*diante de*), около (*perto de*), позади (*detrás de*), после (*depois de, após*), посередине (*no meio de*), против (*contra, diante de*), среди (*em meio a, durante, entre*).

No **дativo**: благодаря (*graças a, por causa de*), навстречу (*ao encontro*).

No **instrumental**: вместе с (*junto com*), в связи с (*com relação a*), следом за (*detrás de*), рядом с (*junto a*), согласно с (*de acordo com*).

Os pronomes pessoais

Os pronomes pessoais variam em número e caso.

Singular

Caso	Pessoa		
	1ª	2ª	3ª (masc./fem.)
Nominativo	я	ты	он / она
Genitivo	меня	тебя	его / её (у него / у неё)
Dativo	мне	тебе	ему / ей (к нему / к ней)
Acusativo	меня	тебя	его / её (на него / на неё)
Instrumental	мной	тобой	им / ей (с ним / с ней)
Prepositivo	обо мне	о тебе	о нём / о ней

Plural

	Pessoa		
Caso	1ª	2ª	3ª (masc./fem.)
Nominativo	мы	вы	они
Genitivo	нас	вас	их (у них)
Dativo	нам	вам	им (к ним)
Acusativo	нас	вас	их (на них)
Instrumental	нами	вами	ими (с ними)
Prepositivo	о нас	о вас	о них

Como se pode observar, nos pronomes pessoais da terceira pessoa, acrescenta-se **н-** depois de uma preposição.

Os pronomes possessivos

Os pronomes possessivos da primeira e segunda pessoas variam em gênero, número e caso.

Os pronomes possessivos indicam posse e respondem às perguntas **чей?** (masculino), **чья?** (feminino), **чьё?** (neutro) ou **чьи?** (plural).

Primeira pessoa do singular

Caso	singular			plural
	masc.	fem.	neutro	para todos os gêneros
Nominativo	мой	моя	моё	мои
Genitivo	моего	моей	моего	моих
Dativo	моему	моей	моему	моим
Acusativo	* мой / моего	мою	моё	* мои / моих
Instrumental	моим	моей	моим	моими
Prepositivo	о моём	о моей	о моим	о моих

* Se acompanham um substantivo animado, tanto o masculino quanto o plural são declinados como no genitivo; se acompanham um substantivo inanimado, ficam como no nominativo.

Primeira pessoa do plural

Caso	singular			plural
	masc.	fem.	neutro	para todos os gêneros
Nominativo	наш	наша	наше	наши
Genitivo	нашего	нашей	нашего	наших
Dativo	нашему	нашей	нашему	нашим
Acusativo	* наш / нашего	нашу	наше	* наши / наших
Instrumental	нашим	нашей	нашим	нашими
Prepositivo	о нашем	о нашей	о нашем	о наших

* Se acompanham um substantivo animado, tanto o masculino quanto o plural são declinados como no genitivo; se acompanham um substantivo inanimado, ficam como no nominativo.

Os possessivos da segunda pessoa **твой** (singular) e **ваш** (plural) são declinados como os da primeira pessoa.

Os possessivos da terceira pessoa **его** (*dele*), **её** (*dela*) e **их** (*deles/ delas*) não variam nem em número nem em caso, já que se referem ao possuidor. Ao contrário dos pronomes pessoais, não levam **н-** inicial depois de preposição.

O pronome **свой** é um possessivo especial porque pode ser utilizado para todas as pessoas do singular e do plural sempre que o sujeito da oração coincidir com o possuidor. Nesses casos, na primeira e na segunda pessoas, podemos usar indistintamente **свой** ou **мой** e **твой**. Na terceira pessoa, por outro lado, caso o sujeito da oração coincida com o possuidor, usa-se sempre o pronome **свой**. Esse possessivo varia de acordo com o gênero, o número e o caso, e é declinado como os pronomes **мой** e **твой**.

(1ª)	Я вижу мою мать.	=	Я вижу свою мать.
(2ª)	Ты видишь твою мать.	=	Ты видишь свою мать.
(3ª)	У Миши есть брат.		У Миши есть брат.
	Миша видит своего брата.	≠	Пётр видит его брата.
			(Пётр видит брата Миши.)

Os pronomes demonstrativos

Os pronomes demonstrativos **этот** (*este*) e **тот** (*esse, aquele*) concordam em gênero, número e caso com o substantivo a que se referem, e são declinados como os adjetivos do tipo **новый** (ver página seguinte).

Os adjetivos

Os adjetivos em russo concordam em gênero, número e caso com os substantivos a que se referem. O plural é o mesmo para os três gêneros. Dentro da oração, os adjetivos costumam vir antes do substantivo. Eles respondem às perguntas **какой?** (masculino), **какая?** (feminino), **какое?** (neutro) ou **какие?** (plural).

>нов**ый** дом (*masculino*)
>нов**ая** машина (*feminino*)
>нов**ое** окно (*neutro*)
>нов**ые** студенты, нов**ые** студентки, нов**ые** окна (*plural*)

Declinação dos adjetivos no singular e no plural com radical terminado em consoante dura

Caso	Masculino / neutro	Feminino	Plural
Nominativo	нов**ый** / нов**ое**	нов**ая**	нов**ые**
Genitivo	нов**ого**	нов**ой**	нов**ых**
Dativo	нов**ому**	нов**ой**	нов**ым**
Acusativo	*Animado = gen.* *Inanimado = nom.*	нов**ую**	*Animado = gen.* *Inanimado = nom.*
Instrumental	нов**ым**	нов**ой**	нов**ыми**
Prepositivo	о нов**ом**	о нов**ой**	о нов**ых**

Declinação dos adjetivos no singular e no plural com radical terminado em consoante branda

Caso	Masculino / neutro	Feminino	Plural
Nominativo	синий / синее	синяя	синие
Genitivo	синего	синей	синих
Dativo	синему	синей	синим
Acusativo	Animado = gen. Inanimado = nom.	синюю	Animado = gen. Inanimado = nom.
Instrumental	синим	синей	синими
Prepositivo	о синем	о синей	о синих

Declinação dos adjetivos no singular e no plural com radical terminado em ш, щ, ж, ч e desinência tônica

Caso	Masculino / neutro	Feminino	Plural
Nominativo	большой / большое	большая	большие
Genitivo	большого	большой	больших
Dativo	большому	большой	большим
Acusativo	Animado = gen. Inanimado = nom.	большую	Animado = gen. Inanimado = nom.
Instrumental	большим	большой	большими
Prepositivo	о большом	о большой	о больших

Declinação dos adjetivos no singular e no plural com radical terminado em ш, щ, ж, ч e desinência átona

Caso	Masculino / neutro	Feminino	Plural
Nominativo	хорош**ий** / хорош**ее**	хорош**ая**	хорош**ие**
Genitivo	хорош**его**	хорош**ей**	хорош**их**
Dativo	хорош**ему**	хорош**ей**	хорош**им**
Acusativo	*Animado = gen.* *Inanimado = nom.*	хорош**ую**	*Animado = gen.* *Inanimado = nom.*
Instrumental	хорош**им**	хорош**ей**	хорош**ими**
Prepositivo	о хорош**ем**	о хорош**ей**	о хорош**их**

Declinação dos adjetivos no singular e no plural com radical terminado em к, г e х

Caso	Masculino / neutro	Feminino	Plural
Nominativo	маленьк**ий** / маленьк**ое**	маленьк**ая**	маленьк**ие**
Genitivo	маленьк**ого**	маленьк**ой**	маленьк**их**
Dativo	маленьк**ому**	маленьк**ой**	маленьк**им**
Acusativo	*Animado = gen.* *Inanimado = nom.*	маленьк**ую**	*Animado = gen.* *Inanimado = nom.*
Instrumental	маленьк**им**	маленьк**ой**	маленьк**ими**
Prepositivo	о маленьк**ом**	о маленьк**ой**	о маленьк**их**

Os verbos

O sistema verbal russo é organizado em torno do denominado *aspecto* (ou seja, o aspecto nos indica se uma ação foi realizada ou se, por outro lado, é realizada no momento em que falamos dela). Quase todos os verbos russos possuem duas formas aspectuais: uma de aspecto imperfectivo e outra de aspecto perfectivo. Por isso, na tradução dos verbos do português para o russo quase sempre aparecem dois infinitivos.

Os verbos imperfectivos apresentam três tempos verbais, passado, presente e futuro composto, e são empregados para expressar a ação, o processo e a regularidade da ação. Os perfectivos só apresentam dois tempos verbais, passado e futuro simples, e expressam resultado e ação única.

Tanto os verbos imperfectivos quanto os perfectivos são formados ou com a ajuda dos sufixos do imperfectivo -ива, -ыва, -ва e -а a partir da forma de perfectivo ou com a ajuda de prefixos a partir da forma do imperfectivo:

встать (*perfectivo*) → вста**ва**ть (*imperfectivo*)
читать (*imperfectivo*) → **про**читать (*perfectivo*)

Outros têm diferentes raízes: **говорить** (*imperfectivo*) – **сказать** (*perfectivo*).

O tempo verbal

Em russo existem duas conjugações. A maioria dos verbos da primeira conjugação termina no infinitivo em **-ать, -ять, -нуть, -еть, -овать,** ou **-евать** e os da segunda conjugação normalmente terminam em **-ить** ou **-еть**.

Os verbos imperfectivos têm três tempos verbais: passado, presente e futuro.

O **passado**, tanto dos verbos imperfectivos como dos perfectivos, varia apenas em número e gênero, mas não em pessoa. É formado a partir da forma do infinitivo, acrescentando-se ao radical o sufixo **-л** no masculino, **-ла** no feminino e **-ли** para todos os gêneros no plural.

читать (*imperfectivo*)   **прочитать** (*perfectivo*)

я, ты, он	читал	я, ты, он	прочитал
я, ты, она	читала	я, ты, она	прочитала
мы, вы, они	читали	мы, вы, они	прочитали

O **presente** dos imperfectivos varia em pessoa e número e, dependendo da conjugação à qual pertence o verbo, podem ser empregadas desinências diferentes:

	1ª conjugação			2ª conjugação	
	читать	жить		смотреть	учить
я	читаю	живу	я	смотрю	учу
ты	читаешь	живёшь	ты	смотришь	учишь
он/а	читает	живёт	он/а	смотрит	учит
мы	читаем	живём	мы	смотрим	учим
вы	читаете	живёте	вы	смотрите	учите
они	читают	живут	они	смотрят	учат

O **futuro** dos verbos imperfectivos é composto. É formado pela conjugação do verbo auxiliar **быть** (*ser / estar*) mais o verbo principal no infinitivo:

	читать
я	**буду** читать
ты	**будешь** читать
он/а	**будет** читать
мы	**будем** читать
вы	**будете** читать
они	**будут** читать

O **futuro** dos verbos perfectivos é formado como o presente dos imperfectivos, ou seja, conjugando o verbo deste modo:

1ª conjugação		2ª conjugação	
	прочитать		**посмотреть**
я	прочита**ю**	я	посмотр**ю**
ты	прочита**ешь**	ты	посмотр**ишь**
он/а	прочита**ет**	он/а	посмотр**ит**
мы	прочита**ем**	мы	посмотр**им**
вы	прочита**ете**	вы	посмотр**ите**
они	прочита**ют**	они	посмотр**ят**

Os advérbios

Os advérbios são uma parte invariável da oração, isto é, não variam nem em gênero, nem em número, nem em caso. Costumam acompanhar o verbo, mas também podem acompanhar um substantivo, um adjetivo ou até mesmo um advérbio.

Os advérbios em russo dividem-se em dois grupos: os pronominais, formados a partir de um pronome, e os significativos, formados a partir de um adjetivo, de um substantivo ou de um numeral.

A maioria dos advérbios **significativos** derivados de um adjetivo é formada pelo acréscimo dos sufixos -о, -и ou -е (медленный → медленно) ao radical. Os advérbios derivados de um substantivo e de um numeral são formados com prefixos e com terminações de diferentes casos (день → днём, верх → наверху, двое → вдвоём).

Os advérbios podem ser de modo, de lugar, de tempo, de quantidade e grau, de finalidade e de causa, respondendo, respectivamente, às seguintes perguntas:

как? (*como?*)
где? (*onde?*)
когда? (*quando?*)
сколько? (*quanto?*)
зачем? (*para quê?*)
почему? (*por quê?*)

Alguns dos advérbios **pronominais** mais comuns são: где (*onde*), куда (*para onde, aonde*), так (*assim*), всегда (*sempre*), как-то (*de alguma maneira*), где-то (*em alguma parte*), когда-то (*uma vez*), никак (*de modo algum*), нигде (*em nenhum lugar*), никуда (*a nenhuma parte*) etc.

Alguns dos advérbios **significativos** mais comuns são: быстро (*rapidamente*), легко (*facilmente*), хорошо (*bem*), дружески (*amigavelmente*), по-испански (*em espanhol*), по-моему (*a meu ver, na minha opinião*), вручную (*manualmente, à mão*), снова (*novamente*), вполне (*totalmente*) etc.

Por fim, há um tipo de advérbio, chamado **predicativo**, que, conforme o próprio nome indica, desempenha a função de predicado. É empregado para expressar estados ou sensações (мне скучно, мне холодно), estado da natureza (сегодня жарко), necessidade (нужно), possibilidade (можно) e impossibilidade (нельзя). Se a oração tem sujeito, este sempre estará no caso dativo (**мне** холодно). Para formar o passado e o futuro desse tipo de oração, utiliza-se o auxiliar **быть** em sua forma de passado neutro (**было**) ou na terceira pessoa do singular do futuro (**будет**).

Мне нужно купить пальто. (*Preciso comprar um sobretudo.*)
Мне нужно **было** купить пальто. (*Precisava comprar um sobretudo.*)
Мне нужно **будет** купить пальто. (*Precisarei comprar um sobretudo.*)

Os numerais cardinais

Com base em sua composição, os numerais cardinais dividem-se em três grupos: os simples, os compostos e os complexos.

Os simples: один (1), два / две (*fem.*) (2), три (3), четыре (4), пять (5), шесть (6), семь (7), восемь (8), девять (9), десять (10), сорок (40), сто (100), тысяча (1000), миллион (1 000 000), etc.

Os compostos: одиннадцать (11), двенадцать (12), тринадцать (13), четырнадцать (14), пятнадцать (15), двадцать (20), тридцать (30), пятьдесят (50), шестьдесят (60), девяноста (90), двести (200), триста (300), четыреста (400), пятьсот (500), шестьсот (600) etc.

Os números complexos são escritos separados: двадцать один (21), тридцать семь (37), пятьдесят восемь (58), сто сорок четыре (144) etc.

Quando os numerais são empregados antes de substantivos, dependendo do número, o substantivo virá em casos diferentes. Depois de 1 (21, 101 etc.), o substantivo sempre fica no nominativo; depois de 2, 3 e 4 (33, 74, 102 etc.), o substantivo fica no genitivo singular; e depois de 5 e até 20 (55, 108, 1349 etc.), sempre no genitivo plural. O mesmo ocorre com as palavras **тысяча** (1000) e **миллион** (1 000 000): одна тыс**яча** (1000), две тыс**ячи** (2000), три тыс**ячи** (3000), пять тысяч (5000), один миллион (1 000 000), четыре миллион**а** (4 000 000), семь миллион**ов** (7 000 000) etc.

Os numerais ordinais

Os numerais ordinais são formados a partir do radical de seus correspondentes numerais cardinais, suprimindo o sinal brando e acrescentando a terminação de adjetivo: пять → пят**ый**.

Tendo forma de adjetivo, os numerais ordinais concordam sempre em gênero, em número e em caso com o substantivo que acompanham: пят**ый** этаж (masculino), пят**ая** дверь (feminino), пят**ое** окно (neutro).

Apresentam uma forma especial os numerais de 1 a 4, o 7 e o 40: первый (1º), второй (2º), третий (3º), четвёртый (4º), седьмой (7º) у сороковой (40º).

Nos ordinais dos números complexos só se flexiona a última palavra: тридцать четвёрт**ый** (34º), сто шест**ой** (106º), тысяча девятьсот девяноста втор**ой** (1992º) etc.

Os ordinais são empregados para expressar datas. A palavra **число** (dia, data) é neutra; por isso, é empregada a forma neutra do numeral que expressa o dia: перв**ое** мая (1º de maio). Por outro lado, a palavra **год** (ano) é masculina, por isso, é empregada a forma masculina do numeral que expressa o ano: две тысячи седьм**ой** год (*2007*).

Quando respondemos à pergunta **когда?** (quando?), o dia, o mês e o ano ficam no genitivo: перв**ого** ма**я** две тысячи седьм**ого** года (1º de maio de 2007).

1ª edição Agosto de 2009 | 1ª reimpressão Novembro de 2016 | **Fonte** Adobe Garamond
Papel Offset 90 g/m$_2$ | **Impressão e acabamento** Orgrafic